JN334152

TOWARDS
AN INCLUSIVE CITY

包摂都市を構想する

東アジアにおける実践

JEON, HONG-GYU

全泓奎 編

法律文化社

はじめに

　近年，従来注目されてきた西欧型福祉モデルに対する東アジア型福祉モデルの有効性にかんする言説が世界に拡がり始めている（James *et al.* ed. 2014）。これは，租税による再分配に大きなウェイトをおく西欧の福祉国家とは軌を逸するものであり，東アジアの各地域が辿ってきた開発主義のシステムと福祉システムとの統合モデルともいえ，「生産主義」，もしくは，「福祉開発主義」ともいわれてきた。この東アジア福祉モデルの特徴は，強力な政府主導による開発計画を打ち立て，特定の産業を戦略的に奨励する点があげられる。また，東アジアは儒教という共通の文化圏による独自の福祉概念をもち，行政の「世話」を受けることを嫌い，コミュニティに依存した社会制度を特徴とする文化背景がある。組織や制度等，社会政策にかかわる諸制度が，経済政策に従属する形で整備されてきた点も共通している。

　それゆえ，西欧の福祉社会とは異なる形での東アジア特有の福祉社会モデルが論議され，それにかんする研究が進められてきたが，そのほとんどは，国家を対象とした東アジアの福祉国家制度研究の比較に重点がおかれていた。一方，財政難が深刻化し，福祉国家が次第に縮小傾向にあるなか，1990年代に入り，日本をはじめとする東アジアの各国は経済危機を経験する。2000年代後半のリーマン・ショックによって更なる打撃を受け，社会的な不安定さが一層高まった。それらによる結果として，様々な形で新たな貧困現象が蔓延しはじめたことをあらわす概念として，「社会的排除」が使われるようになった。社会的排除とは，1990年代にEU統合のプロセスのなかで講じられてきた政策概念だが，その後，更なる概念の精緻化や具体的な政策実践を通して模索され，社会的な合意を得てきた。いまや，西欧のみならず全世界で，各国の政府・非政府を問わず，また国連を含む諸国際機関や会合においても幅広く議論され，社会開発の戦略における主要な要素としてとりあげられている。しかしながら，これまでは，社会的排除にかんする関心や研究の多くは，個人や世帯の雇用問題に偏っていた。そこで本書では，貧困化のプロセスが，都市や地域空間のな

i

かでどのように生み出され，かつ再生産されていくのかについて，主たる関心の対象を東アジアの都市にあて，特定の地域が貧困や排除と結びついていくプロセス（プロセスとしての貧困）に注目し，その解決に向けて実践的な取り組みを行ってきた関連制度やプログラムについて論じる。このような貧困の都市への集中に対しては，「貧困の都市化」と認識されるプロセスやメカニズムへの対応が求められている（全 2015）。

　本書では，東アジアの都市という国際比較的な視点から，とりわけそれらの都市における特定地域への社会的不利の集中に焦点をあてる。そのなかで問題の解決に向けたアクションリサーチを紹介するとともに各都市において実践されてきた，包摂的な地域再生のためのプログラムや関連政策を共有する。そして包摂都市の形成にかかわる国際共同の枠組みを模索することを課題としている。なお，本書でとりあげているほとんどの内容は，これまで東アジアの都市を対象に実施してきた，「東アジア包摂都市ネットワーク・ワークショップ (East Asia Inclusive City Network Workshop)」で報告され，議論，実践されてきた成果を取りまとめたものである。包摂都市ネットワーク・ワークショップは，2011年に台北で第1回を開催したのを皮切りに，第2回はソウル，第3回は大阪，第4回は香港，第5回は台北へと巡回しながら，研究者のみならず，行政関係者や現場のワーカーを交えて議論を深めてきた。本書は，それらの軌跡の報告でもあり，包摂都市の実現に向けた東アジア都市共同による努力の成果でもある。本書が対象としている都市の範囲は，日本をはじめとする東アジアの4都市部（大阪，ソウル，台北，香港）である。そのなかでも，本書の中心課題である社会的不利地域の再生による包摂都市の構築にかんする政策や，地域での実践の事例を対象として選定している。具体的には，各国の都市内の不利地域に共通している居住福祉政策，都市移民や多文化的な背景をもつ住民の居住にかかわる移民政策，地方の中小都市における格差や排除にかかわる現状やその解決に向けた草の根からの実践などに対し，東アジアの各都市の経験を共有し，包摂都市を実現するための議論の材料を提供する。そのほか，実践的な取り組みがなされている，各都市内の公営住宅団地，移民居住地，簡易宿泊所密集地域，被差別住民や原住民居住部落等の実践もとりあげ，各都市における現場実践に携わるワーカー同士の経験の共有を試みる。これらの地域におけ

る最先端の都市問題に対応するため，当該地域の現状とその解決に向けた包摂都市関連政策や実践を共有していくことは，包摂型アジア都市の実現に欠かすことができないプロセスである。

▼参考文献
全泓奎（2015）『包摂型社会──社会的排除アプローチとその実践』法律文化社
James Lee *et al*. ed. (2014) Social Policy and Change in East Asia, Lexington Books

目　次

はじめに

序　東アジアから包摂都市を構想する
　Ⅰ　プロセスとしての貧困 ………………………………………… 1
　Ⅱ　社会的不利地域と地域効果 …………………………………… 2
　Ⅲ　包摂的な地域再生に向けた社会開発戦略 …………………… 3
　Ⅳ　東アジアの福祉モデルにおける貧困と社会的排除 ………… 4
　Ⅴ　包摂都市の構想に向けて ……………………………………… 5

Ⅰ部　包摂都市を実現するための政策・理論

1　包摂都市への条件――フォート・ローダーデール市の事件から学ぶべきこと
　Ⅰ　フォート・ローダーデール市の事件 ………………………… 11
　Ⅱ　屋外でのホームレスの人びとへの食事提供を規制する条例 … 12
　Ⅲ　フォート・ローダーデール市の事件から学ぶべきこと …… 16

2　脱ホームレス支援から進化した日本型「社会住宅」市場の登場と社会的不動産業の可能性
　Ⅰ　脱ホームレス支援がインナーシティの再生につながる …… 21
　Ⅱ　参照されるべき都市論「寛容な都市」………………………… 22
　Ⅲ　「寛容な都市」を可能とする日本の生活保護の役割 ………… 23
　Ⅳ　最後のセーフティネットをもつ大都市の宿命 ……………… 24
　Ⅴ　生活保護受給者の特性と居住の流れ ………………………… 25
　Ⅵ　社会ビジネスの構図と「社会住宅」の機能 ………………… 28

Ⅶ　残された課題 ………………………………………………………… 31

3　日本のホームレス・生活困窮者に対する政策の展開
　　Ⅰ　生活保護制度と「ホームレス」等への適用 ……………………… 33
　　Ⅱ　ホームレス特措法と生活保護制度 ………………………………… 35
　　Ⅲ　生活困窮者自立支援制度へのホームレス自立支援施策の統合 …… 37

4　日本の地方中小都市における貧困と排除から考える社会政策的課題──母子世帯に注目して
　　はじめに ………………………………………………………………… 44
　　Ⅰ　地方中小都市における格差と排除の見えづらさ ………………… 45
　　Ⅱ　地方中小都市における産業構造と家族形態の変化 ……………… 45
　　Ⅲ　家族福祉の「個人化」 ……………………………………………… 48
　　Ⅳ　地方中小都市における子どもの貧困 ……………………………… 48
　　Ⅴ　地方中小都市の貧困と排除の深刻化 ……………………………… 51
　　Ⅵ　示唆される社会政策的課題 ………………………………………… 52

5　韓国の住宅政策と居住福祉政策
　　Ⅰ　韓国の経済成長と住宅問題 ………………………………………… 54
　　Ⅱ　韓国の住宅政策 ……………………………………………………… 56
　　Ⅲ　遅れて始まった居住福祉政策 ……………………………………… 58
　　Ⅳ　先が遠い居住福祉 …………………………………………………… 61

6　韓国の移民政策と在韓華僑
　　Ⅰ　在韓華僑の歴史 ……………………………………………………… 66
　　Ⅱ　韓国の「多文化」政策と「チャイナタウン」の造成 …………… 69
　　おわりに ………………………………………………………………… 75

7　台湾の住宅政策と住宅問題——台北市を中心として

- Ⅰ　台湾における国民住宅政策の発展過程 …………………………… 78
- Ⅱ　台北市の住宅危機 …………………………………………………… 83
- Ⅲ　住宅価格高騰と直近の住宅危機 …………………………………… 86
- Ⅳ　住宅運動の再現と新たな論点としての「社会住宅」 …………… 87

8　土地開発体制主導下の高密度都市における香港住民の日常生活

- はじめに ………………………………………………………………… 92
- Ⅰ　深水埗住民の日常生活 ……………………………………………… 94
- Ⅱ　日常生活の脱政治化 ………………………………………………… 96
- Ⅲ　高密度都市——覇権都市空間の生産プロセス …………………… 98

Ⅱ部　包摂都市を実現するための実践

9　香港のインナーシティにおける住宅困窮状態の類型と特徴

- はじめに ………………………………………………………………… 107
- Ⅰ　香港における民間賃貸住宅の位置づけ …………………………… 107
- Ⅱ　香港インナーシティにおける地域の特徴 ………………………… 109
- Ⅲ　住宅困窮状態の類型と特徴 ………………………………………… 111
- おわりに——住宅困窮状態の実態に関する一考察 ………………… 118

10　包摂都市に向けた日本の実践——社会的不利地域における包摂型地域再生

- Ⅰ　公営住宅の現状とまちづくり活動 ………………………………… 121
- Ⅱ　泉北ほっとけないネットワーク
  ——地域の空きを共有しコミュニティサービスを展開する ……… 125
- Ⅲ　都市における「外国人」の受容過程——八尾市の事例から …… 131

11 包摂都市に向けた韓国の実践——社会住宅と包摂型居住支援

- Ⅰ 韓国のホームレス対策の変化と実態 ………………………………… 136
- Ⅱ SH公社の新たな社会住宅供給 ………………………………………… 140
- Ⅲ 自らつくる地域再生 ……………………………………………………… 146

12 包摂都市に向けた台湾の実践——民間主導による居住支援と地域再生

- Ⅰ 台湾芒草心慈善協会のホームレス支援の地域実践とアドボカシー
  ………………………………………………………………………………… 153
- Ⅱ 台湾社会住宅運動の発展と成果
  ——2010〜2015年居住の権利の取得に向けた社会住宅運動 ………… 159
- Ⅲ 旧市街地の都市再生——台北市南機場住宅の再開発とその政策 …… 165
- Ⅳ 都市原住民住宅政策のオルタナティブな試み
  ——新北市大漢渓三鶯部落移転計画 ……………………………………… 172

13 包摂都市に向けた香港の実践——包摂型支援策と支援実践の課題

- Ⅰ ホームレスの人びとに対する包摂型支援策の模索 ………………… 180
- Ⅱ ホームレスの人びとに対する包摂型支援実践と課題 ……………… 191

おわりに——貧困化に結びつくプロセスとメカニズムを断ち切る包摂都市に向けて

序　東アジアから包摂都市を構想する

全　泓奎

I　プロセスとしての貧困

　1970年代以降，経済成長の停滞と財政危機の到来によって多くの先進資本主義諸国において福祉国家の維持は困難を極める状況に陥った。その後，これらによる影響に対応する概念として，80年代には「社会的排除」が市民権を得るようになった。とりわけイギリスでは，長期間続いた保守党政権が破れ97年に政権を取り戻した労働党は，前任者らによってつくられてきた「貧困」施策に代わり，「社会的排除」を政策用語として掲げ，排除に立ち向かうためのたたかいに臨んだ。さらに，EU統合に伴い，統合的な社会政策の中核として，やはりこの概念が採用された。「社会的排除」は，特定の人口を統合する方法のひとつとしてメインストリーム社会への参加を重要視している。現在は，欧州のみならず全世界で，各国の政府や非政府を問わず，また国際連合を含む諸国際機関や会合（世界社会開発サミット，コペンハーゲン，1995）においても幅広く議論されており，社会開発の戦略における主要な要素として取り上げられている（ラペール　2005）。

　社会的排除は，貨幣中心的な貧困概念に代わり多次元的な貧困化のプロセスに着目しており，様々な社会の制度や組織との関係性に焦点をあて，包摂に向けた社会のほうからの変化（inclusive society）を導き出すことに矢を向けている。しかし一方では，排除に向けた戦略が人を対象とした施策に偏りがちで，その受け皿となるメゾの領域からの視点が欠落している。それは，いわゆる「地域」の排除をもたらしうる。実際には荒廃した団地や社会的な資源やサービスへのアクセスが十分ではない「社会的不利地域」を通じて排除のメカニズムが促進されたり合成されたりしているため，地域にターゲットをあてた戦略が求められる。以下では，地域の排除に関連する議論を検討する。具体的な地

域再生に向けた実践例については，各章で各国各都市での取り組みを紹介しているのであわせて参照されたい。これら不利地域の再生に取り組む実践事例の積み重ねからモデルを抽出し，それを精鋭化する形で包摂都市に向けた構想を実現に移行させることが，肝要であると考える。

II 社会的不利地域と地域効果

　社会的排除にかかわる研究や政策も広がりをみせているなか，都市内における社会的不利の集中に関しても様々な形での対応がなされてきた。とりわけ社会的排除のダイナミックな特性において，地域の役割が最も大きな関心を集めている。特に都市における社会的排除には，特定の地域への剥奪の集中が問題として指摘されている。社会的排除は，人びとが完全なる市民として享有できるような機会から次第に閉ざされていくダイナミックなプロセスに関連して使われており，剥奪が集中している地域の居住者は，最も市民的権利から遠ざかる結果に陥りがちである。その意味で社会的排除による問題のひとつとして不利益をこうむる世帯の地域的な集中による問題「地域からの排除（exclusion from area）」と，社会参加への制約や社会からの孤立等，その地域に居住することによってもたらされる様々な不利益の影響に関する問題「地域を通じた排除（exclusion through area）」を伴う。これらの地域による社会的排除に関しては，「近隣や地域にかかわる影響・効果」を中心とした議論が展開されている。それは，ある特定の地域に生活することによって，その個人や集団に対する社会的・経済的機会に影響を及ぼす効果であると定義され，そのような地域に対する対応が急がれている（全 2015より再引用）。

　一方剥奪された地域の再生を明確に視野に入れ対応に取り組んでいる例もある。イギリスでは1998年以来，New Deal for Communities（NDCs）プログラムが実施され，イングランド全域に39のパートナーシップを設置し，地域再生プログラムを実施した。なお，スコットランドでも Social Inclusion Partnerships（SIPs）プログラムが貧困層の地域をターゲットとして事業を展開し，スコットランド全域で34地域に及んだ。2001年には，「副首相府（Deputy Prime Minister's Office）」直轄の「地域再生局（neighbourhood renewal unit）」が

設置され，剥奪された地域に集中した施策が実施された。特にそれらの地域に対し，地域コミュニティの安全，経済的な開発，高水準の教育と健康プログラム，そして良質な住居の供給などを目標として掲げ実施された。アジアの国や地域においても先進的な例をみることができる。そこではマイクロファイナンスを中心とした小規模貸付，コミュニティ・ビジネスおよびコミュニティのニーズに基づいた社会保障制度の運用なども図られている。日本で最も大きな寄せ場地域を抱える東京や大阪では，地域全体を視野に入れたコミュニティ再生活動が，ホームレスの人びとや社会的弱者への居住支援活動と一体になって活発に行われている。なお，1969年に制定された「同和対策事業特別措置法」に基づき，地方公共団体と部落解放同盟などの当事者組織との協力によって実施された一連の同和地区におけるまちづくりは，欧米の実践例に劣らぬ包括的なまちづくりプログラムによる優れた成果を創り出してきた。

　チョーギルは，貧困コミュニティに対する政府の態度によって異なるコミュニティ参加がもたらされると述べ，貧困コミュニティの開発プロセスにおける政府の態度とそれに対するコミュニティ側の対応に注目している（Choguill, 1996）。つまり，チョーギルの議論に基づき以上の例をみると，貧困層コミュニティに向けた政府の機能とそれに対応するコミュニティ参加のプロセスによって開発の性格も異なってくることがわかる。一方，以上のような国家の領域に対しミクロな個別対応（個人や世帯に向けた資源やサービスの割り当てなどの消費主義的な戦略）に終始するのみではなく，メゾの領域である「地域（あるいはコミュニティ）」に着目し，排除に抗するための地域（コミュニティ）の開発戦略を重視する議論（生産主義的な戦略）も重視すべきである。

III　包摂的な地域再生に向けた社会開発戦略

　これまでの再分配的社会福祉が，非生産的で依存主義を助長し経済成長を阻害すると批判されてきたのに対し，社会開発は，生産主義的で投資志向的な，そして経済的な参加を重視し，開発に積極的に寄与する社会的プログラムに資源を集中的に割り当てるべきであることを強調している。つまり，社会福祉と経済開発を統合させ，生産主義的で投資志向的なものとしての社会政策概念を

再構築しようとする。このアプローチは，生産主義的な社会政策とプログラムを強調するのみならず，社会的な目的のために経済成長の力を利用しようとする広範囲な試みと結びつけようとするものである。また何よりもそれを実現させる戦略として，個人のレヴェルでは労働市場への参加を増進させるだけではなく，人的資本の構築を促進することや資産を蓄積すること，そして小規模の企業活動を発展させること等が提示されている。このような方向は，治療的な対応から投資的なアプローチへとヴェクトルを変えることを意味する。そしてそれらによって蓄積された資源や資産を結果的に「コミュニティ」に還元していく。つまり社会開発の戦略では，個人にではなくコミュニティに射程をあてている。またコミュニティのソーシャルワーカーは，地域で社会関係資本（ソーシャルキャピタル）を形成し，住民の生計を促進する事業を行うことにより，地域の経済開発を進めていく役割を責務としてもつべきであるという（Midgley and Livermore 1998）。

Ⅳ　東アジアの福祉モデルにおける貧困と社会的排除

　このような議論にちなんで，近年，西欧型福祉モデルに対する東アジアの福祉モデルについて，とりわけ生産主義的かつ投資志向的なモデルの観点からその有用性に関する関心が増えつつある。また主要な論者も，西欧の学者のみならず，東アジア地域の学者からの発信も増えている（James *et al.* ed. 2014）。アジア地域の場合，租税による再分配に大きなウェイトをおく欧米の福祉国家とは軌を逸する福祉モデルで，東アジアの国や地域が辿ってきた開発主義のシステムと社会福祉領域の統合モデルともいえ，生産主義（productivist model），もしくは，福祉開発主義（welfare developmentalism）ともいわれている（Kwon 2002）。これらの議論の柱となっているのが政府主導による開発主義戦略である。これまでに多くの研究のなかから東アジア地域モデルとして取り上げられてきたのは，いわゆる開発主義国家モデルである。それは，戦後期の東アジア地域の目覚ましい経済的進歩は，古典的なリベラリズムに近似したものの産物ではなく，統治された市場を生み出す国家主義的要素によるものであったということに着目した概念である。これまでは疑心暗鬼を抱えつつ評価をひかえら

れていたものの，アジア通貨危機後に再評価され，再び強調されるようになった。とりわけ社会政策研究者は，国家の役割が経済的領域に限定されないことに注目しており，自由主義と社会民主主義との間の第3の道を代表すると主張する。東アジアの国々は，西欧福祉国家から区別される共通の特徴をもっている。たとえば，儒教という共通の文化，個よりも集団の重視，経済的配慮の優先，公的福祉への抵抗感，家族の重視，西欧的アプローチへの嫌悪感等である。このような共通の特徴をもつ東アジア諸国の社会政策を包括する概念として，とりわけ日本をはじめ香港，シンガポール，韓国，台湾に対し，「生産主義的福祉資本主義モデル（Productivist Welfare Capitalism）」として論じている研究も注目に値する（Holliday 2000）。これらの国々は，社会政策が経済政策に圧倒的にまた明示的に従属しており，福祉を向上させる最善のルートとして「経済第一主義」（economic first）と成長および完全雇用に力点がおかれている。福祉は経済的目標に従属し，よりいっそうの経済発展を達成するために利用される。つまり，福祉は経済発展を支援するものであって，阻害するものとはみなされない（ワイルディング 2007）。

V 包摂都市の構想に向けて

香港を舞台に2014年9月から12月まで展開された一連の抗議運動に対し，「香港民主化デモ」，あるいは，「雨傘運動・革命」等，メディアで様々な呼称で報じられたことは記憶に新しい。このときは香港の大学等を中心とした若者によるデモ参加が目立っており，若者を中心とした民主化（普通選挙の獲得）への関心の高さが見て取れる。この抗議運動は，台湾で同年3月に，「海峡両岸（中台）サービス貿易協定」を決議したことに対して抗議を表明した学生たちによって台湾の立法院が占拠されたことによる，「ひまわり運動」とも関連しており，その背景には中国大陸との政治的・社会的，そして経済的な関係の変容によってもたらされた一連の出来事が存在している。とりわけ香港は，近年中国大陸からの観光客が怒涛のように押し寄せ，日常品のみならず住宅の購入も増え，結果，住宅価額の高騰を招いてしまった（遠藤 2015）。この一連の行動が若者の住宅難をもたらしたが，台湾もまた共通した問題を抱えている。ま

た，若者の居住問題は，東アジア諸国の都市問題にも共通する課題となっている．近年の東アジアにおける各都市が抱えている問題には共通性があり，その解決に向けた対応においても共同の取り組みに向けた経験共有の回路を設けていくことが求められている．

本書では，人が住む空間からあらゆる機会を得るための，いろいろな装置や実践について考えることを目指している．

都市は農村と異なり，「集住」という形をとる空間の連続として構成されている．そのような人の集住を支えるには，様々な形での制度的な支援環境が所与の条件となる．それはたとえば，居住，就労，衛生，健康，教育，文化など様々な制度的な基盤と，それに関連した施設というハードの整備も欠かせない．なお，複雑多元化した現代社会には，単線的な対応ではミスマッチが生じてしまう．したがって包摂都市に向けた取り組みには，現代社会に対応しうる制度設計が必要といえよう．ここでは，試論として，以下のようなアイデアを考えてみることにしたい．先述のように，イギリスでは特定地域に対する先行的な施策を実施した経験をもつ．そこでは，地域をよりよくしていくための前提条件として，以下のような内容をあげている．

公共空間の維持管理を始め，住宅や健康，教育，治安，レジャー等のサービスをうまく調整しながら，地域全体の安全と迷惑行為を管理していくこと，これには地元のビジネスと成人教育やジョブセンター，図書館などのような，より広範囲なサービスとリンクしていることが求められる．なお，地元のボランタリーグループを支え，地元主導による開発が進められるよう，支援することも重要とされている．そのためには，単年度の事業に限るファンドではない資金の支援や，政策決定過程への円滑な参加も保障される必要がある（Power, 2005）．居住というニーズに対しては，既存ストックの有効活用ということで，各都市が抱える未利用資源に新しい価値を吹き込むような形での再活用に加え，施設利用に必要なサービスを複合した取り組みの重要性を考えてゆく必要がある．なお，包摂都市を構成する重要な柱として，居住という装置に加え，就労という人の「出番」にかかわる装置に対しても，資本獲得のためのビジネスではなく，より人間の顔をもつビジネス，かつ生活支援にかかわる社会サービスを生み出す分野をいっそう支援していくことが必要となる．つまり，包摂

都市を支える居住や産業は，当事者がエージェントとしてマネジメントしていく，社会的企業に軸足を設けた，社会的経済を充実化していくことにあると考える。

▼参考文献
遠藤誉（2015）『香港バリケード――若者はなぜ立ち上がったのか』明石書店
全泓奎（2015）『包摂型社会――社会的排除アプローチとその実践』法律文化社
ラペール，フレデリック＝バラー，アジット S.（2005）『グローバル化と社会的排除――貧困と社会問題へのアプローチ』昭和堂
ワイルディング，ポール＝ホリディ，イアン編（2007）『東アジアの福祉資本主義――教育，保健医療，住宅，社会保障の動き』法律文化社
Choguill, M. B. G. (1996) "A Ladder of Community Participation for Underdeveloped Countries," *Habitat International*, 20（3）, 431-444
Holliday, Ian (2000) Productivist Welfare Capitalism: Social Policy in East Asia, *Political Studies*, 48, 706-723
James, Lee *et al.* ed. (2014) Social Policy and Change in East Asia, Lexington Books
Kwon Huck-ju (2002) Welfare reform and future challenges in the Republic of Korea: Beyond the developmental welfare state?, *International Social Security Review*, 55（4）, 23-38
Midgley, J. and Livermore, M. (1998) "Social Capital and Local Economic Development: Implications for Community Social Work Practice," *Journal of Community Practice*, 5（1／2）, 29-40
Power, Anne (2005) "Neighbourhood Management and Future of Urban Areas," Herrle P. & Walther U., *Socially Inclusive Cities: Emerging Concepts and Practice*, LIT

I部

包摂都市を実現するための政策・理論

1 包摂都市への条件
―― フォート・ローダーデール市の事件から学ぶべきこと

阿部 昌樹

I フォート・ローダーデール市の事件

　2014年11月2日，アメリカ合衆国フロリダ州のフォート・ローダーデール市において，市警察が，ダウンタウンの公園でホームレスの人びとに無償で食事を提供していたボランティア団体に，食事の提供を中止するよう命じるとともに，その団体の代表を務める当時90歳であったアーノルド・アボットを含む3名に，ブロワード郡裁判所への出廷通告書を交付するという事件が発生した。食事を無償で提供することによってホームレスの人びととの間に絆をつくり，ホームレスの人びとを地域コミュニティに包摂していこうとするボランティア団体の取り組みが，市政府によって強制的に中断させられたのである。

　この事件は，市警察の警察官がアボットの身体を一時的にではあるが拘束する場面を含めて，その一部始終がフロリダ州マイアミ市に本社をおくテレビ局によって録画され，その映像がインターネットを通じて全世界に配信されたことによって，合衆国全域はおろか全世界の，ホームレスの社会包摂に関心をもつ人びとに知られるところとなった。そしてその結果，ホームレスの人びとへの食事提供に対する市政府による規制に対して広範な批判の声が沸き起こり，ハッカー集団が，批判の意思表明として，フォート・ローダーデール市のウェブサイトを破壊するという付随的な事件をも引き起こした。本章では，この事件の経緯を概観したうえで，そこから，日本やアジア諸国において包摂都市を構想するうえで留意すべきことを抽出していくことにしたい。[*1]

　なお，フォート・ローダーデール市は，マイアミ市の北約40kmに位置する，大西洋に面した人口16万人ほどのリゾート都市である。

Ⅱ　屋外でのホームレスの人びとへの食事提供を規制する条例

条例の制定経緯とその内容

　ことの発端は，フォート・ローダーデール市議会が，2014年10月22日に，屋外でのホームレスの人びとへの食事提供を規制する条項を含む条例を制定したことであった。この条例には，屋外食事提供施設すなわち屋外で無償もしくは低額で不特定多数の人びとに食事を提供する施設を運営する者が遵守しなければならない事項として，おおむね以下のようなことが規定されていた。[*2]

(1) 屋外食事提供施設が，食事の提供を受けた者がそれを食する場所を備えたものである場合には，その場所は，同様の場所に対する州，郡，および市の要請のすべてに合致していなければならない。

(2) 屋外食事提供施設は，屋内もしくは屋外で無償もしくは低額で不特定多数の人びとに食事を提供する他の施設から500フィート以内の場所には設置することができない。

(3) 屋外食事提供施設は，住宅から500フィート以内の場所には設置することができない。

(4) 屋外食事提供施設は，ポータブル・トイレもしくはそれに類似した設備を備えていなければならない。

(5) 屋外食事提供施設は，残飯や汚水を合法的に処理するための設備を備えていなければならない。

(6) 屋外食事提供施設は，手洗いの設備を備えていなければならない。

(7) 屋外食事提供施設を，その設置者が所有する土地以外の土地に設置する場合には，土地所有者の書面による同意を得なければならない。

(8) 屋外食事提供施設には，食事提供時間中は必ず，州が発行する食事提供サービス管理資格証を有する者が常駐していなければならない。

(9) 屋外食事提供施設は，提供する食事を華氏41度以下または華氏135度以上の温度に保つための設備を備えていなければならない。

(10) 屋外食事提供施設は，食事を運搬するための衛生的な輸送手段を有していなければならない。

⑾　屋外食事提供施設において調理した食事は，調理後4時間以内に提供されなければならない。

⑿　包装していない食事を提供する屋外食事提供施設の手洗い設備は，石鹸を用い，流水によって手を洗うことができるものでなければならない。

⒀　屋外食事提供施設で発生した汚水は，それを市営下水道に廃棄する場合には，廃棄する時点まで，市営下水道管理者が承認した容器に保管しなければならず，市営下水道に廃棄しない場合には，連邦，州，および市の汚水処理基準に合致した方法で処理しなければならない。

　そしてさらに，これらの規定に違反することは軽罪であり，違反者には，60日以内の禁錮，500ドル以下の科料，またはその双方を科すことができる旨が定められていた。

　このような条例が制定されるそもそものきっかけとなったのは，無償で食事の提供を受けるために，多数のホームレスの人びとが路上にたむろしていることや，食事の提供を受けたホームレスの人びとが，食べ残した料理や使用済みの紙皿やプラスティック・スプーン等を路上に捨てたり，食事後に路上で排尿したりしていることが，ダウンタウンの風紀を乱すとともに，その衛生状態を悪化させ，住民や観光客をダウンタウンから遠ざけていることを問題視し，市政府に何らかの対応を求める，商工会議所やダウンタウンの商店主の声であった。また，この条例に先立って，市議会は，ダウンタウンにおける路上での睡眠や，交通量の多い交差点での物乞いを禁止する別の条例を制定していた。

　こうした経緯は，ダウンタウンを「浄化（cleanup）」したいという意図が，屋外でのホームレスの人びとへの食事提供を規制する条例の制定を強く動機づけていたことを示唆している。そして，そうであるがゆえに，ダウンタウンの公園において，長年にわたってホームレスの人びとへの食事の提供を続けてきた人びとは，この条例に強く反発した。

　それらの人びとがとりわけ問題視したのは，屋外食事提供施設を，その設置者が所有する土地以外の土地に設置する場合には，その土地の所有者の許可を得なければならないという条項であった。それまで屋外でのホームレスの人びとへの食事の提供が行われてきたのは，公園やビーチにおいてであり，それらの土地は市有地であった。したがって，土地所有者の許可を要件とするという

ことは，屋外でのホームレスの人びとへの食事の提供が認められるかどうかは，全面的に市政府の裁量に委ねられるということを意味していた。そして，条例制定に至る経緯からは，ホームレスの人びとへの食事の提供のためにダウンタウンの公園を使用することを，市政府が許可することはないであろうことが容易に想像できた。すなわち，この条例は，文言上は，あくまでも，屋外で無償もしくは低額で不特定多数の人びとに食事を提供する施設を運営する者が遵守しなければならないルールを定めるものであったが，実質的には，ダウンタウンの公園でホームレスの人びとに食事を提供することを不可能にするものであり，それゆえに，それまで継続的にダウンタウンの公園でホームレスの人びとへの食事の提供を行ってきた人びとには，とうてい受け入れられないものであったのである。

　それらの条例制定に反対する人びとは，条例制定後も，それ以前と同様に，屋外でのホームレスの人びとへの食事の提供を継続することを公言し，実際にそのように行動した。ホームレスの人びとを支援することを主目的として設立されたボランティア団体である「汝の隣人を愛せよ（Love Thy Neighbor）」の代表を務めるアボットもそのひとりであった。

条例の施行とその差し止め

　この条例は，同年10月31日から施行された。そして，アボットたちのボランティア団体が，この条例の施行後に初めて，ダウンタウンの公園で，その公園の土地所有者としての市政府の書面による同意を得ることなしに，ホームレスの人びとへの無償での食事提供を行ったのは，11月2日のことであった。しかしながら，アボットたちがホームレスの人びとへの食事の提供を始めると間もなく，近くに待機していた市警察の警察官がその中止を命じ，アボットを含む3名の中心的な人物に，ブロワード郡裁判所への出廷通告書[*3]を交付した。アボットは，その後も定期的にダウンタウンの公園やビーチでのホームレスの人びとへの食事の無償提供を仲間たちとともに続け，計5回，市警察からブロワード郡裁判所への出廷通告書の交付を受けることとなった。

　その一方で，アボットは，同年11月12日に，この条例の施行の差し止めを求める訴訟を，フロリダ州第17巡回区裁判所に提起した。実は，アボットは，こ

の条例が施行された時点ですでに20年以上，ダウンタウンの公園でのホームレスの人びとへの食事の無償提供を続けていた。そして，10年以上前に一度，市内の公園を，市政府の許可なしに営利目的の活動や社会サービス活動のために使用することを禁じるフォート・ローダーデール市公園利用規則が制定された際に，この規則を自分たちの活動に適用し，公園でのホームレスの人びとへの食事の無償提供を認めないことは，州政府や州内の自治体政府が人びとの宗教的実践に対して過度の負担を課すことを禁じる1998年のフロリダ信仰の自由回復法（Florida Religious Freedom Restoration Act of 1998）に違反するとして，市公園利用規則の施行の差し止めを求める訴訟を提起し，2001年に，フロリダ州第4控訴裁判所において，市政府に対して市公園利用規則の施行の差し止めを命じる判決を得ていた。[*4] アボットは，この2001年の判決は依然として有効であるとして，それに基づく条例の施行の差し止めを請求したのである。

このアボットが提起した訴訟の1回目の審理が12月2日に行われ，その際に，担当裁判官がフォート・ローダーデール市政府に対して，条例の施行を30日間停止し，その間に，条例の規定を市政府もアボットも了承できるようなものに改正する可能性について，アボットと協議を行うことを命じる，暫定的差止命令を下した。この命令によって，アボットや彼が代表を務めるボランティア団体もそれ以外の団体も，条例施行前と同様に，ダウンタウンの公園等でのホームレスの人びとへの無償の食事提供を，当面は継続できることとなった。

その後，12月22日に行われたフロリダ州第17巡回区裁判所の2回目の審理において，市政府は，アボットとの協議が進展していないことを理由として，条例の施行を暫定的に停止するという措置を，自発的に45日間延長する旨を述べ，担当裁判官がそれを了承した。そして，翌2015年2月にこの自発的に条例の施行を停止する措置の期限が到来した後も，市政府は自発的な条例の施行停止を継続し，現在に至っている。

市政府が条例の施行を自主的に停止し続けている，その理由としてまず考えられるのは，市警察が条例の規定をその文言どおりに適用し，アボットとその仲間たちが行っていた，ダウンタウンの公園におけるホームレスの人びとへの無償の食事提供を中止させるとともに，90歳のアボットの身体を一時的にではあれ拘束したうえで，彼に裁判所への出廷通告書を交付したことが，全米のみ

ならず全世界からの批判の対象となったことであろう。市政府は，リゾート都市として世界中から観光客を集めているフォート・ローダーデール市の都市イメージが損なわれることは避けるべきであると考え，それゆえに，条例の施行停止を継続し続けているのではないかと推測されるのである。

　また，条例制定に際して市政府は，条例施行後も，屋内でホームレスの人びとに食事を提供することは可能であるから，ホームレスの人びとが食事の提供を受けられなくなることはないと主張していたが，教会等による屋内でのホームレスの人びとへの食事の提供は毎日行われているわけではなく，それゆえ，屋外でのホームレスの人びとへの食事の提供がまったく行われなくなったならば，週に3日は，ホームレスの人びとが無償で食事の提供を受けることができなくなることが，条例制定後に明らかとなり，その点に関しても，市政府に対する批判が高まったことも，市政府が，条例の施行を再開することを躊躇せざるをえなくなった理由のひとつであると考えられる。

　さらに，アボットとの協議が整わないままに条例の施行を再開したならば，フロリダ州第17巡回区裁判所の担当裁判官が，市政府に対して不利な心証を形成するのではないかという考慮もはたらいていたのではないかと推測される。

　かくして，屋外でのホームレスの人びとへの食事の提供を制限するフォート・ローダーデール市の条例は，同市の例規集のなかには有効な条例として存在しているものの，同市の行政実務や警察活動の現場においては，存在しないに等しいものとなっているというのが，現在の状況である。なお，同じ条例の施行の差し止めを求める訴訟が，アボットが2014年11月12日に提起した訴訟のほかに，フロリダ州第17巡回区裁判所およびフロリダ南地区連邦地方裁判所に計4件提起されているが，いずれも判決には至っていない。

Ⅲ　フォート・ローダーデール市の事件から学ぶべきこと

　フォート・ローダーデール市の事件は，ホームレスの人びとを含む不利な条件のもとにおかれている人びとを地域コミュニティに包摂していこうという主張は，都市内政治というコンテクストにおいては，他の政策的主張に劣後する可能性が高いことと，そうした劣後性を克服するために，都市の包摂性を高め

るべきことを主張する側はしばしば，都市の外部の力に頼ることが必要になることを示唆しているように思われる。

都市の包摂性を高めることの政策的劣後性

P. ピーターソンがつとに指摘していたとおり，都市政府は，人や物のその都市の区域内への流入と区域外への流出を規制することができないという制度的ないしは構造的な制約ゆえに，「持たざる者」を受益者とする社会保障給付等の再分配政策（redistributive policies）を忌避する，本来的な傾向を有している。手厚い再分配政策は，区域外から低額所得者をひきつけるとともに，区域内に元から居住する低額所得者の区域外への転出を思いとどまらせる「福祉の磁石（welfare magnet）」として機能するからである。

低額所得者の転入および滞留は，都市政府の福祉関連支出の増大をもたらす。そして，高額所得者や企業は，自らが収める税が，自らにとって有益な公共サービスの供給よりも，低額所得者の生活保障のために優先して用いられていることに不満をつのらせ，再分配政策にそれほど熱心ではない他の都市へと転出していく。このことは，都市政府の税収を減少させ，実施可能な政策の範囲を狭める。また，高額所得者がいなくなれば再分配政策は論理的に成り立たなくなるはずであるが，それにもかかわらず，借入金に頼ってまでも手厚い福祉サービスを継続したならば，ついには財政破綻に至る危険性がある。そうした事態の進展が懸念されるがゆえに，都市政府は，首長や市議会議員等の政治的立場がどのようなものであるかにかかわりなく，再分配政策の実施には消極的にならざるをえないのである。

都市政府が積極的に採用するのはむしろ，地域の経済力を高め，租税収入を増加させる開発政策（developmental policies）である。収益性の高い企業や工場を誘致するための土地の造成や輸送用道路の建設，観光都市としての魅力を高めるための美しい景観の形成，高額所得者をひきつける良好な住宅地やリクリエーション施設の整備等がそれにあたる。都市政府は，それらの政策によって十分なかつ安定した税収を確保してはじめて，しかもそれらの政策の実施を阻害しない限度において，再分配政策に取り組むことができるにすぎないのである（Peterson 1981; Peterson and Rom 1990）。

フォート・ローダーデール市政府が屋外でのホームレスの人びとへの食事提供を規制しようとしたのは，何よりもまず，ボランティア団体がホームレスの人びとへの食事の提供を行うことが，ホームレスの人びとの市内での滞留や市外からの流入を助長し，そのことが結果的に，増加したホームレスの人びとへのシェルターや救急医療等の提供のために必要な，市政府としての財政支出の増加につながることへの懸念ゆえにであったのではないかと推測される。すなわち，再分配政策への支出の増大への懸念が，屋外でのホームレスの人びとへの食事提供を規制することへの強い誘因となっていたのではないかと考えられるのである。

　それとともに，新たな条例を制定して，屋外でのホームレスの人びとへの食事提供を規制するに至るきっかけとなったのが，ダウンタウンの公園でホームレスの人びとへの食事の提供が行われていることが，ダウンタウンの風紀を乱すとともに，その衛生状態を悪化させ，住民や観光客をダウンタウンから遠ざけていることを問題視し，市政府に何らかの対応を求める，商工会議所やダウンタウンの商店主の声であったことも見逃すべきではない。このことは，リゾート都市としてよりいっそうの発展を遂げたいという開発志向的な思惑もまた，屋外でのホームレスの人びとへの食事提供を規制することを強く動機づけていたことを示唆している。かくして，都市の包摂性を高めるよりも，ダウンタウンを「浄化」することが優先されたのである。

　屋外でのホームレスの人びとへの食事提供を規制する条例は，それ自体としては，再分配政策を制度化するものでもなければ，開発政策を制度化するものでもない。しかしながら，そうした条例が制定されるに至ったのは，ピーターソンが指摘した，再分配政策を忌避し開発政策を志向するという傾向を都市政府にとって不可避的なものとする，制度的ないしは構造的な制約の存在ゆえにであったと推測されるのである。そして，そうであるがゆえに，フォート・ローダーデール市の事件と類似した事件が，合衆国の諸都市においてのみならず，日本をはじめとするアジア諸国の諸都市においても発生する可能性は，けっして小さなものではないと考えられるのである。

外部の力に頼る必要性

　フォート・ローダーデール市の事件において，屋外でのホームレスの人びとへの食事提供を規制する条例の規定を有名無実化した要因としては，第1に，市警察が，条例違反を理由として，アボットたちにダウンタウンの公園でのホームレスの人びとへの食事の提供を中止するよう命じるとともに，裁判所への出廷通告書を交付したことに対して，世界規模で批判が高まったことを，そして第2に，アボットが提起した条例の施行の差し止めを求める訴訟において，担当裁判官が暫定的差止命令を下して，市政府にアボットと協議するよう命じ，そうすることによって，条例を改正することなしに施行し続けることに対して否定的な態度を示したことをあげることができる。これらはいずれも，都市の外部からの都市内政治への介入である。

　インターネットを介して様々な情報が瞬時に全世界に伝わる今日のグローバル化した社会状況をふまえるならば，都市は包摂的であるべしという国際世論が，早晩，個々の都市の政策選択の範囲もしくは方向性を緩やかに制約するようになり，その結果，都市の包摂性の程度を低下させるような政策は，いずれの都市においても採用されにくくなるであろうという展望は，それなりに説得力を有するものであるように思われる。また，そうした展望の実現可能性を高めるべく，包摂都市の実現を目指す様々な活動団体が，国境を越えたネットワークを草の根レベルで形成し，相互交流を積み重ねていくような取り組みは，社会運動の新しいスタイルとして，注目するに値する。

　その一方で，どのように作用するかが予測しにくい国際世論よりも，統治機構の制度設計を重視する観点も，十分に首肯しうるものである。すなわち，個別都市の都市内政治というコンテクストにおいては，都市の包摂性を高めるべしという主張が，他の政策的主張に劣後する可能性が高いとしたならば，そうした都市内政治の傾向を是正する役割を中央政府もしくは広域政府に期待し，中央政府もしくは広域政府がそうした役割を十全に遂行しうるように，政府間関係を構造化していくことが，都市の包摂性を高めるための方策として，これまで以上に重視されてよいであろう。

　そうした観点からは，中央政府や広域政府による都市政府に対する統制のしくみを，適切に設計していくことが重要になる。フォート・ローダーデール市

の事件では，フロリダ州の司法制度の一端を担う同州第17巡回区裁判所が，そうした統制のしくみとして機能したが，中央政府や広域政府による都市政府に対する統制のしくみは，司法統制に限られない。[5]中央政府や広域政府の立法機関が制定する法律による都市政府に対する規律を密度の高いものとすることによる立法的統制の強化や，中央政府や広域政府の行政機関から都市政府の行政部門に対する指導や助言等を活用した行政的統制の強化，そしてさらには，中央政府や広域政府から都市政府に交付される種々の補助金をインセンティヴとして用いる財政的統制の強化も，あわせて検討されるべきであろう。もっとも，そうした集権的な統制を強化していくことには，それぞれの国の憲法が都市レベルにおける自治を制度的に保障しているその程度や，補完性の原理に基づいて地方分権を推進していこうという国際的潮流との関係で，超え難い限界があることには常に留意すべきである。

* 1 フォート・ローダーデール市におけるホームレスの人びとへの食事の提供に対する規制に関する本章の記述は，同市に本社をおくローカル新聞社サン・センチネルがインターネット配信している記事に依拠している。
* 2 City of Fort Lauderdale, Ordinance No. C-14-42.
* 3 この出廷通告書（citation）は，ブロワード郡裁判所に，当該裁判所が追って指定する期日に出廷することを命じるものであり，アボットたちは，当該裁判所の罪状認否手続において自ら有罪と認めるか，あるいは公判手続において有罪と認定されたならば，60日以内の禁錮，500ドル以下の科料，またはその双方が科されることが予定されていた。なお，ブロワード郡裁判所は，フロリダ州の司法制度の一部であり，軽罪にかかわる刑事事件，交通法規違反事件，少額の民事事件，借地借家事件に事物管轄を有している。
* 4 Abbot v. City of Fort Lauderdale, 783 So.2d 1213（2001）．
* 5 司法制度が中央政府から地方政府への集権的統制のしくみとして機能する可能性とその条件に関して，阿部（1997）。

▼参考文献

阿部昌樹（1997）「中央―地方関係における司法府の位置づけをめぐって（一），（二），（三・完）」『大阪市立大学法学雑誌』第43巻第3号1-38，第4号27-62，第44巻第1号1-36
Peterson, Paul E.（1981）*City Limits*, University of Chicago Press
Peterson, Paul E. and Rom, Mark C.（1990）*Welfare Magnets: A New Case for a National Standard*, Brookings Institution

2　脱ホームレス支援から進化した日本型「社会住宅」市場の登場と社会的不動産業の可能性

水内　俊雄

I　脱ホームレス支援がインナーシティの再生につながる

　脱ホームレス支援が，単に個人のハウスレス状態の脱却のみならず，そうした人びとへのなにがしかの居住施設とケアを提供することを通じて，福祉と住宅政策を跨ぐ支援であるとの認識が2000年代になってから芽生えてきた。個人の福祉的な，あるいは就労の支援であるという領域から，居住施設の提供が地域の遊休ハウジングの利活用につながり，当該地域に生活保護を通じた公的資金が循環し，特に疲弊傾向にある大都市の歴史あるインナーシティのちょっとした再生につながってきたのである。開発から100年前後を経た老朽密集市街地の再生は，リニューアル式の再開発手法では前に進まなくなっていた。代わりに，増大する生活困窮者への生活保護を通じた家賃支払い能力を積極的に活用することで，修復型のハウジングリノベーションが，地元の不動産業者を通じてこつこつと始められた。こうした動きを，借り上げ賃貸公営住宅ならぬ，生活保護という公的資金を利活用した，「社会的」不動産業者の管理業務を通じたケアが入った，一種の「社会住宅」を提供する社会ビジネスとして，筆者は位置づけている。

　しかしこのような都市の新たな動態は，都市政策的には意図的にまたインセンティヴを与えて誘導されたものではない。また狭小，かつ水準以下の居住，地域環境において，こうした所与条件をリノベーションで改善してゆくプロセスにおいて，逸法的に進めざるをえないところもあり，利用やケアにおいても根拠法や基準が未整備のままであることが多い。グレイな領域を多々含みこんでしまうために，都市政策として，こうした地域の再生や「社会住宅」の取り組みを今後明言してゆくことが，役所的にはなかなかむずかしい扱いづらい領域となっている。

当面の筆者の戦略として，地道なボトムアップ的な取り組みをフォローアップしてゆくと同時に，具体の都市政策のより上位レベルに於ける都市像を構想するなかで，こうした取り組みを裏打ちする学知を鍛え，社会の認知を高めてゆくことを考えている。

II　参照されるべき都市論「寛容な都市」

　ホームレス問題は少なくともアングロフォン諸国の大都市問題として深刻にとらえられた。都市論においても古くはラジカル地理学に代表される社会的正義を問う D. ハーベイ（1980；1973）の立場から，N. スミス（2014；1996）に代表される，「懲罰」都市というとらえ方，そしてジェントリフィケーション論に代表される貧困地域の掃討という，報復都市的なとらえ方を生み出したといえる。新自由主義が主導する世界都市の懲罰的側面としての代表的景観をホームレス現象は提供してきたのであり，都市論の中心的思潮形成に，皮肉にも貢献してきた。

　このような新自由主義，ジェントリフィケーション，報復都市と，1990年代からの世界の都市論の主流思潮を，日本の都市論アカデミズムでは，積極的に紹介してきた。しかし，日本の大都市で起こっている現実，特に大阪で起こっている状況には，少々異なった見方が必要とされる。その際に理解に有用なもう一方の主要な都市論に関する思潮を紹介しておきたい。

　理論を新自由主義や報復都市といったやや空中戦的な構えのある思潮レベルから，より現実のケアのレベルの地平におろした場合に参照になる議論が，G. DeVerteuil（2015）によって展開されている。彼の最新の著 *Resilience in the Post-Welfare Inner City* のタイトルそのものが，参照すべきポイントをついている。ポストケインズ主義で一面新自由主義が席巻しているなかで，この書の副題で用いられる，「ボランタリーセクター」のレジリエンスは何か，ロンドン，シドニー，ロサンゼルスのインナーシティを対象に問うている。ジェントリフィケーションのプレッシャーのなかで，生活困窮者への支援サービスの拠点がどのようにしたたかに状況をかいくぐりながらその機能を地理的に維持しているのか，異なる状況にあるインナーシティをサンプリングしながら論じ

ている。

　ここから導き出される都市像は，ポスト報復主義都市下における「寛容なforgiving」都市であり，そこには「ケアの空間」が，地理的にも社会的にも展開されてゆくことになる。現に都市で生じているこうした現実的な対応をホームレスガヴァナンスと位置づけ，さらに都市ガヴァナンスと関連し，ハウジング・ファーストや，ポバティマネジメントが注目される（ドゥヴェルトゥイユほか 2016＝2009参照）。現実的には，NGOとのパートナーシップを強化した，公的サービスのアウトソーシングであり，ホームレスの人びとの主体性へのリスペクトに関して，議論の定置はまだみられない状況にあることは，付言しておきたい。

Ⅲ 「寛容な都市」を可能とする日本の生活保護の役割

　明らかに異なる文脈に位置しながら，日本のインナーシティ状況において，「寛容な都市」，「ケアの空間」は，間違いなく現出している。この異なる文脈のエッセンスを簡単に以下で述べておきたい。でないと，諸外国の読者が，後述する大阪市の西成区で起こっている状況を読んでも，大都市インナーシティとしてどのような性格の場所なのかよくわからないし，なぜ生活保護を利用してそのようなことができるのか，さっぱり理解できないからである。上述した「社会住宅」は，欧州的にはケインズ主義的都市経営の代表的産物であり，新自由主義的ドライブの強い流れのなかで，今の日本にそのタームを持ち出すことに違和感を生じさせよう。そこでこの「社会住宅」の登場に生活保護が意図しない形で貢献していることを説明しておきたい。

　それは，日本の社会福祉の根幹にある生活保護が「社会住宅」の家賃の対価となる住宅扶助や，日常生活を支える生活扶助，そして健康や病気に対処する医療扶助を含めて，額的に３倍ほどの高水準にあることに起因する。と同時に，こうした支援を実践してゆくのが急速に成長したNPOや社会的企業であり，既存の社会福祉法人はどちらかというと脇役であるところが，ポストケインズ主義的な日本の特色となっている。高福祉高負担の欧州の社会状況に日本も1990年代後半から突入し，いまやセーフティネット予算が国家の通常予算の

3分の2近くに達した。そこで動く大きな公的資金が，様々な冠，貧困，NPO，社会，医療，介護……のつくビジネスを胎動させ，実際に地域に落とされる状況が生じてきている。都市政策的には，こうした動きをビジネスチャンスとして唱導するよりは，注視，監視の対象となっている。一方，都市像として，アカデミズムが「ケアの空間」からなる「寛容な都市」の構想を提起してゆく必要がまさにあり，この言い回しがどれほど適用できるかに注力する必要がある。

IV　最後のセーフティネットをもつ大都市の宿命

以下では大阪市の実例でもって，こうした都市構想の具体像を示してみよう。再度いうことになるが，今までは福祉施策のなかでもホームレス支援は，「残余 residual」というか，最後のセーフティネットとして位置づけられてきた。ホームレス状況にある人びとにとっては，最後の逃げ場が保証されていたのだが，施策提供側からいうと，「福祉のごみ箱」などの表現もされながら，居住の最後のセーフティネットを担っているという点であった。報復都市的苛酷な空間は，実際にはこうした最後のセーフティネットの張られた逃げ場，「ケアの空間」をもたざるをえないのである。そしてもつことが宿命であるという認識を，社会は共感する必要がある。公的セクターはこのことを，たとえ暗黙のものとしても，都市施策の肝，受け継がれるべき政策知のひとつとして保持しておくべきであるということを主張したい。

手厚い「ケアの空間」の維持は，福祉の磁石論を生み出し，困窮者を呼び寄せるとして行政的には一般的に好まれない。と同時に，労働者の移住都市，アライバル都市を，再生産面で支えてきた関一市長以来の都市社会政策の伝統を背景に，福祉に優しい都市をプライドとして有する考え方を，大阪市は一方で有してきた。その代表的な施策が同和対策事業であり，あいりん施策であり，在日コリアンを中心とする外国人向けの教育体制であった。一種のアファーマティブアクションであり，ここには公務員（教員も含む）の労働運動の影響力が相当こうした領域の都市ガバナンスを左右してきた。建てつけ上は，時期的にもケインズ主義的な志向のもとの高福祉路線で実現したのである。

残念ながら1990年代後半に生じたホームレス問題，大阪市的には野宿生活者問題には，既存の考え方で処するには手法が見あたらず，また労働運動体にしてもぎこちない処し方となった。代わりに2000年代になって迅速果敢に動いたのが，民間，NPO，そして社会福祉法人内の使命感を有した人びとであり，最後のセーフティネットに関する「寛容な都市」たる大阪市的システムを，民間セクターが編み出したのである。
　では，どのような都市空間が，どのような都市セッティングが，「寛容な都市」空間として大阪市のインナーシティで実現し始めたのか？　紙幅も限られているので，善し悪しの判断は当面保留に，「寛容な都市」が生活保護率全国一という状況を生み出していることの是非も保留にして，この民間，公的セクターを含めた大阪市的システムについて紹介しておきたい。

V　生活保護受給者の特性と居住の流れ

　図表2-1は，大阪市で実際に形成され始めた「ケアの空間」でみられる，生活保護を受給してからの居住者の動きを，住宅と対応させながら描いたものである。日本的特徴として重要なことは，入り口として，住宅扶助＋生活扶助を基本とする12万円弱／月の生活保護にリーチできるか否かという，図表2-1の福祉事務所のゲートの開き具合，通し具合に，それぞれローカルな特徴があることである。日本の福祉事務所のこのゲートには独特の事務所ごとの裁量，現場判断が存在する。
　大阪市は生活保護施設を多く設置してきたため，本人に現金がいくアパートでの生活保護＝「居宅保護」ではなく，本人には現金がいかない生活保護施設に入所する「施設保護」で対応してきた。しかし，激増した野宿生活者の住宅提供に関して，生活保護を積極的に利用せよとの2003年厚労省通達で，65歳以上の高齢元野宿者への生保適用が一気に進んだ。派遣村以降2009年には再度の厚労省通達で，家のない人への全面的適用（年齢制限なし）が推進され，大阪市では西成区内のみならず市内各区への生保受給者の地域居住をさらに推し進めることになった。
　日本一の「寛容な都市」空間であるあいりん地域では，既存の生活保護施設

図表2-1　生活困窮者の居住の流れと居室面積

18m²≒10畳	大阪市
15m²≒8.5畳 ↑住宅扶助上限額支給必要面積	あいりん地域外　一般アパート （更新済み）　　　　←　↑ 　　　　　　　　　　　　転　失 　　　　　　　　　　　　宅　踪 あいりん地域外　一般アパート　→　↓ （未更新）　　　　　　　↓
11m²≒6畳	
7m²≒4.5畳	無料低額宿泊所
5m²≒3畳	◆サポーティブハウス（NPO） ◆簡易宿所転換アパート 　　　　　　　　　　　簡易宿泊所　　生活保護施設 　　　　　　　　　　　大阪市では◆が無低の役割 　　　　　　　　　　　←　中間ハウジング

福祉事務所　　　　　　　　　　　↑
　　　　　　　　　　　　あいりん地域
市更相　オール大阪市　（事実上、萩之茶屋1−3と太子1−2）
　　↑　　　↑　　　　　　　　↑　　　　　　　　← NPO
　本人直接　ホームレス自立支援への流れも
　　　　　　　　　　　　地域でのアウトリーチ
　　　　　　生活困窮者／Houseless／Homeless

出所：筆者作成

はその比重を減らし，簡易宿所を転用したいわゆる「福祉アパート」がその受け皿となった。居住面積的な位置取りについては簡単に図表2-1で描いているが，図表2-2のようにこのあいりん地域の周辺には，少々居住面積の広い一般アパートの多くのストックがある。図表2-1のように，あいりん地域を経て，あるいは施設を経て，こうした一般アパートに転居していく事例と，あいりん地域を住まいの双六の終着点として終の棲家とする事例，あるいは福祉事務所から，主にあいりん地域外の一般アパートに直接入居していく流れ，が存在する。

「ケアの空間」という観点からすると，図表2-3のような4タイプの層をスクリーニングする機能が，この過程ではたらき，そうしたタイプに必要とされるケア（最低限）がそれぞれに付加されながら，受け皿としてのローカルな「ケアの空間」が形成されている。図表2-3のⅠは，生活保護のトラックに乗

図表 2-2　西成区における福祉アパートの分布（1 棟：5 世帯以上，2014年）

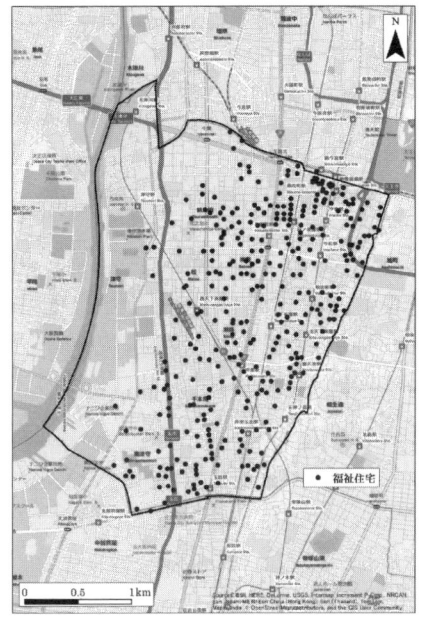

出所：松尾卓磨氏作成

らない。ホームレス自立支援システムの就労自立の流れに乗る層であり，より就労地に近接する家賃の安い物件のあるどちらかというと，西成区以外の湾岸や内陸のインナーシティ諸区が選択される傾向にある。図表 2-3 のⅡは，65歳以上という高齢という理由でもって生活保護を受給でき，安定して落ち着いた地域生活を送れる可能性の高い層となる。図表 2-3 のⅢについては，ケアがある程度必要とするため，その住宅資源と受けるかのスクリーニングがあれば，支援付き住宅，たとえばサポーティブハウスや，無料低額宿泊所（大阪市は基本的には活用しない），あるいは大家や管理の不動産業の見守り支援が見込まれるところに落ち着くことになる。ⅡもⅢも落ち着いた段階で場合によっては，よりよい居住環境を求めて転居するケースもあり，あるいは逆に脱落，失踪してしまう場合や，長期入院や最終的には逝去に至る医療機関への「転居」，アパートでの孤独死を迎える事例もある。Ⅱは大阪市のインナーシティのかなりの広い範囲で，Ⅲについては特に西成区で特徴的に機能している。

図表 2-3　生活困窮者の居住福祉支援に関するハウジングの類型化

```
                    生活自立　強
            Ⅱ          ↑          Ⅰ
                ホームレス自立支援センター
              緊急一時宿泊事業（シェルター）
    福祉                更生                    就労
    自立  ←──        施設        無料低額宿泊所   ──→ 自立
                     救護           ケア付支援住宅
                     施設
            Ⅲ          ↓          Ⅳ
                    生活自立　弱
```

注：上述のハウジングがない場合には，一般賃貸アパートが受け皿となる。
出所：筆者作成

　図表 2-3 のⅣは，就労稼働能力が年齢的，あるいは肉体的にはあるにもかかわらず，潜在的にも明示的にも生活自立が困難なことの多い層である。明示的な場合には，依存症を抱えていたり刑余者である事例であり，潜在的には，統合失調症や手帳をもつには至らないグレイな層，あるいは意図的にこうした層から抜け出さないケア依存になっている人びとから構成されることが多い。スクリーニングのあり方も，要因が明示的な層に対しては，迅速ではあるが，往還を前提に「適当」に行われることも多く，この「適当」の中身としてグレイともみえるケア機能が支えることになる。時にはここから上昇して離脱する事例もあり，それをⅢやⅡで受けるという階梯的に支える構図もこの「ケアの空間」に埋め込まれている。

Ⅵ　社会ビジネスの構図と「社会住宅」の機能

　では，こうした利用者を支えるアクターが大家であり，NPO であり，管理の不動産業者であり，地域で称されることも多いブローカー，となっている支

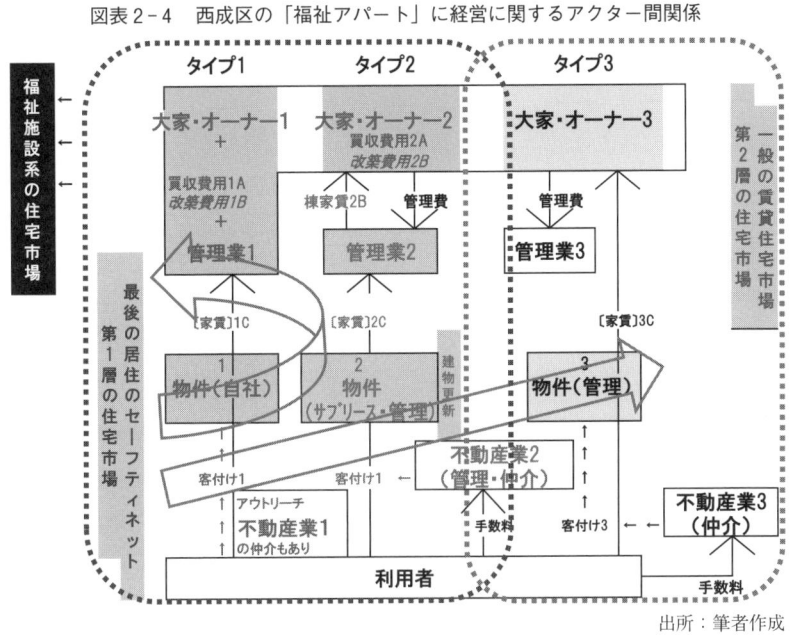

図表 2-4 西成区の「福祉アパート」に経営に関するアクター間関係

援ビジネスを担うアクター間関係の構図を，図表 2-4 を用いて紹介する。左からタイプ 1，2，3 のアクター組み合わせの 3 つを，上からアクター・要素として「大家・オーナー」，「管理業」，「物件の持ち方」，「不動産業」，「利用者」の機能，役割別で整理したものである。

　右のタイプ 3 は一般的な賃貸住宅市場でみられるアクターの関係である。一方あいりん地域では簡易宿所の長期宿泊も含め，福祉アパートに転換した物件は，帳場が存在することがほとんどなので，管理を自社でやっている形になる。左のタイプ 1 に相当する。帳場の役割が宿泊者の接待，管理から，生活支援の窓口に変化したのである。客付けはオーナーによるアウトリーチやネットワークもあるが，図表 2-4 では「不動産業 1」，現地ではブローカーと呼ばれたりするが，機能している。一部のオーナーは，生活支援の機能を高めて，サポーティブハウスという，まさしく「社会住宅」を生み出したといえる。あいりん地域だけに限らず，周辺地域では，生活保護受給者向けの賃貸物件は，大家・オーナーが客付けから管理までていねいに行うことにより，利用者を失う

リスクをなるべく小さくする形で，日ごろの見守りから，金銭管理や，雑多な生活支援を付加している事例が増えてきている．

　この新しい動きに加え，もうひとつ大きな新しい流れは，真ん中のタイプ2の構成であいりん地域外にあらわれた．タイプ3との大きな違いは，物件がサブリースになる場合と，管理業務だけの場合は，2種類あるが，いずれも管理を客付けした不動産業者が行う点にある．生活支援の必要とする利用者が多いことがもたらすオーナーへのリスクの回避を不動産業者が行い，大家・オーナーに安心感を与えることになる．また多くの場合は，このタイプ2の流れの物件が，オーナーの高齢化や転出で手放され，それを機に不動産業者が最小費用でもって改築，リノベーションを行い，新しいオーナーを見つけ，新オーナーの自己資金と早い利回りによる元手回収プランを不動産業者はコンサルティングする，という役割も果たしている．オーナーから支払われる管理費が不動産業者の生活支援の対価となるが，ここに「社会住宅」的な機能がこうした物件に付与されるのである．ここでの改造の事例は冨永（2015）を参照していただきたい．また，福祉アパートではなく，外国人向けの滞在型ゲストハウスへの改造や管理を行う事例も出てきているが，これについてはキーナー・コルナトウスキ（2015）を参照していただきたい．

　このようなタイプ1，2のシステムは2000年代に入って一気に生まれた．あいりん地域のサポーティブハウスのオーナーや，西成区内の同和地域での社会運動の経験のあるN社は，先取りしてこうした「社会住宅」の重要性を認識していたが，その具体の動きはそれぞれ白波瀬（2014），Mizuuchi & Jeon（2010）に詳しい．特に後者のN社は，社会運動を担保にした資金力をもって，新築物件で打って出ている．しかしその他の大部分の事例は，不動産業者も意識的にというよりは，利用者の変化に対応し，気づけば社会的な不動産業者になってきたというのが実態である．そのからくりは，地元不動産業者が仲介から，管理，所有に軸足を移し，大家・オーナーへの改造・リノベーションへのコンサルティングも行い始めたところにある．

　3節でふれた，インナーシティのレジリエンスは，不動産業者の介在による遊休物件の改造で，高齢家族世帯の持ち家を，生活保護受給者への賃貸アパートにコンヴァージョンしたこと，1980年代後半のバブル期の新築物件を利用し

た客層から生活保護受給者へと大きく変化してきたこと，そしてリスクを抱えている生活保護受給者に対して管理業を通じた生活支援を行っているところにあるとみている。最近は中国人不動産業による居酒屋カラオケ兼アパートへのコンヴァージョンも大々的に行われ始め，商店街は明らかに人出を取り戻し始めている。

　しかしこうしたレジリアンスには，脆弱な部分も内包している。まず改造にあたる資金を金融機関はこうしたインナーシティの狭小住宅物件に貸し付けを渋ることである。次に改造事例においては，防災や建築基準法，消防法，あるいは民泊に関する条例などともぎりぎりのラインで対応せざるをえないことである。また管理を通じた生活支援は，客付けのときのかなり詳しい面接を必要とし，役所への対応に対する補助，金銭管理や孤独死への対応，家賃支払いのときの近況チェック，ときどきの部屋見回り，就労の紹介など，こまごまとあるが，ほとんどが専門スキルや資格を有してではない素人対応となっている。この「社会住宅」システムが抱えるいくつかの諸課題群でもある。

VII　残された課題

　再度図表2-1のこうした「社会住宅」の受け皿となる物件の居室面積からみた，対象物件の位置づけを確認しておきたい。国交省が施策としてカバーするのは，18㎡以上であり，本章では，実際のところそれ以下の，4.9㎡から15㎡での面積で「社会住宅」の可能性を論じている。2015年7月より新規入居者の住宅扶助額決定に居室面積の広狭が導入された。緩和措置はあるにしても15㎡以上ないと上限額が設定されず，その上限額自体も，大阪市では4.2万円から4万円と引き下げられた。加えて。図表2-4の左上にも福祉の住宅市場を記したが，図表2-1の右の社会福祉の根拠法に基づくハウジングもかなり供給されており，ここでいう「社会住宅」と機能的にも物件的にも重なる部分が生じている。この状況については水内ほか（2014），水内（2014）を参照していただきたい。

　また最後の受け皿としての「寛容の都市」のラベリングは，地元的には好まれないものであろう。西成区では都構想とのからみで，西成特区構想が引き続

き機能していくなかで，こうした新しいアファーマティブアクションにどう向き合うか，問われ続けている。同時に，大阪のインナーシティの全体構造のなかで，こうした新しい動きがどのような意味を有し，インナーシティそれぞれの不動産市場が動き，大阪市の都市構造を今後左右していくのか，これについては別稿で述べたい。不動産市場がこうした形で活性化し始めているのにもかかわらず，南部インナーシティの人口減少は止まらず，大きく増加している都心区とのコントラストはますます激しくなってきている。

　最後にこうした政策支援研究的スタンスに対して，アカデミアとしての批判（地理学）研究や，ラジカル地理学のスタンスに近い位置取りをしてきた筆者として，どのように整合をとっていくのか，直ちに解答できない状況にあることは，率直に表明しておきたい。

▼参考文献

キーナー，ヨハネス＝コルナトウスキ，ヒェラルド（2015）「インナーシティにおける外国人向けゲストハウス事業の実態と地域へのインパクト——大阪市西成区北部を事例に」『人文地理』（67-5，40-55）

白波瀬達也（2014）「あいりん地域における居住支援——ホームレス支援の新たな展開と課題」『理論と動態』第7号，76-91

スミス，ニール著／原口剛訳（2014）『ジェントリフィケーションと報復都市』ミネルヴァ書房（Neil Smith, 1996, *The New Urban Frontier: Gentrification and the Revanchist City*, Routledge）

ドゥヴェルトゥイユ，ジェフリー＝メイ，ジョン＝フォンマース，ユルゲン／松尾卓磨訳（2016）「「懲罰」の時代のただ中でホームレスの地理を位置づけ直す——ホームレスの地理は崩壊しているのではない，複雑なのだ」『空間・社会・地理思想』第19号，81-100（Geoffrey DeVerteuil, Jon May, Jürgen von Mahs, 2009, Complexity not collapse: recasting the geographies of homelessness in a 'punitive' age, *Progress in Human Geography* 33(5), 646-666）

冨永哲雄（2015）「老朽住宅密集地域における老朽住宅の再市場化に関する研究」『東洋大学大学院紀要』第51集，270-230

ハーヴェイ，デイヴィド著／竹内啓一・松本正美訳（1980）『都市と社会的不平等』日本ブリタニカ（David Harvey, 1973, *Social Justice and the City*, Johns Hopkins University Press）

水内俊雄（2014）「生活困窮者支援の新たな体系と脱ホームレス支援との協働——新たなセーフティネットに無縁な人を生まないために」兵庫人権啓発協会『研究紀要』第15輯，41-70

水内俊雄ほか（2014）「大阪における生活困窮者／ホームレス者をめぐるハウジング調査の系譜とその展開」『貧困研究』第13号，74-87

Geoffrey DeVerteuil（2015）*Resilience in the Post-Welfare Inner City: Voluntary Sector Geographies in London, Los Angeles and Sydney*, Policy Press

Mizuuchi, Toshio and Jeon, Hong-Gyu（2010）The new mode of urban renewal for the former outcaste minority people and areas in Japan, *Cities*, 27, supplement 1, 525-534

3 日本のホームレス・生活困窮者に対する政策の展開

中山 徹

　日本の社会保障制度は転換期にある。2013年12月「生活困窮者自立支援法」(以下,「新法」とする) と改定生活保護法が成立した。2002年に成立した「ホームレスの自立の支援等に関する特別措置法」(以下,「ホームレス特措法」とする) に基づく自立支援策は新法のもとに組み込まれ, 実質的に統合された。本章では, これら3つ法の位置と役割について概括し, 現時点での課題を示す。

I　生活保護制度と「ホームレス」等への適用

生活保護制度の概要

　日本の公的扶助制度 (生活保護法) は1950年「一般扶助主義」原則のもとに成立した。同法は日本国憲法第25条の生存権の理念を具現化したものであり,「国が生活に困窮するすべての国民に対し, その困窮の程度に応じ, 必要な保護を行い, その最低限度の生活を保障するとともに, その自立を助長することを目的」(第1条) としている。周知のように4つの原理 (生存権保障・国家責任の原理, 保護の補足性の原理, 最低生活保障の原理, 無差別平等の原理), 原則 (基準及び程度の原則, 必要即応の原則, 申請保護の原則, 世帯単位の原則) があり, 同制度は世帯単位で行われ, 世帯員全員が, その利用しうる資産, 能力その他あらゆるものを, その最低限度の生活の維持のために活用することが前提となっている。改定生活保護法でも問題となった扶養義務者による扶養に関して, 保護に「優先」されるが保護の「要件」となってはいない。そのうえで,「世帯収入」と厚生労働大臣の定める「基準」(地域により異なる) で計算される「最低生活費」を比較し, 収入が最低生活費に満たない場合, 保護が適用される。保護の種類は8つ (①生活扶助, ②教育扶助, ③住宅扶助, ④医療扶助, ⑤介護扶助, ⑥出産扶助, ⑦生業扶助, ⑧葬祭扶助) である。「居宅保護」が原則であるが, こ

れができない場合，「保護施設」（救護施設（184），更生施設（19），宿所提供施設（11）等5種類）がある。救護施設に比して，更生施設と宿所提供施設が少なく，ホームレス等の経済的困窮と居住が不安定な状態にある人びとが利用できる施設数の少なさを示している。「保護基準（生活扶助や住宅扶助等）」は自治体により「級地」が定められており，大都市自治体ほど高い。母子世帯や障がい者に対しては「加算」がある。財源は全額公費（国3／4，自治体1／4）である。

生活保護制度のホームレス等への適用

　ホームレスやネットカフェ等不安定な場所で寝泊まりしている人びと等，「住居」がない場合，「現在地」にある「福祉事務所」で生活保護の「要件」を満たしていれば，受給できる（「現在地保護」）。ここでいう「現在地」とは，居住地がないか，また明らかでない場合，人が現に存在する場所のことで，住むところがない等の場合に用いられる。福祉事務所の管轄域内に住む場所がある者に対する保護は，「居住地保護」である。また，急迫した状況にあるときは，その人の現在地の福祉事務所は保護することになっている。また，住む場所がない場合，それを確保するための費用は生活保護から支給される場合がある。

　この生活保護制度は，2002年の「ホームレス特措法」においてホームレス自立支援センター（就労による自立を図る入所施設）とともに，ホームレス自立支援施策として位置づけられた（同法第3条）。しかし，実際には，一部の自治体を除き，多くの自治体で「住所（住居）がない」，「ホームレスである」，あるいは「稼働年齢」であるといった理由で「保護は受けられない」という「制限的運用」により，「ホームレス」等は排除されてきた。また，「居宅保護」が原則であるのにもかかわらず，2000年ごろまで日雇労働者等に対する生活保護は施設保護に限定する事例もあった。そこで，民間支援団体等は，自ら運営する借り上げアパート等や「無料低額宿泊所」に野宿者を「住所」設定させ，生活保護を申請することによる脱野宿化を図る方法をとる事例が多かった。

Ⅱ　ホームレス特措法と生活保護制度

　2002年「ホームレス特措法」が5年の時限立法で成立したが，2012年に2017年まで延長が決定された。図表3-1は，ホームレス支援策の各種事業についてみたものであるが，巡回相談（総合相談事業）→「緊急一時宿泊事業」→「自立支援センター」→「就労による自立」による安定的居住の確保といった道筋が，メインストリームであることがわかる。

　同時に，上述したように福祉的対応による自立として生活保護制度も位置づけられた（同法第3条）。そして，2002年8月「ホームレスに対する生活保護の

図表3-1　ホームレスの自立支援に向けたフローと各事業の実施状況

```
公園，河川敷等にいるホームレス   25,296人（15年1月）
                              ⇒ 7,508人（26年1月）
                              ▲17,788人
```

【福祉事務所】【福祉的対応による自立（生活保護等）】

自治体等の職員が公園等に巡回
（総合相談推進事業）
事業内容：巡回相談による相談活動の実施
実施者　：自治体の委託を受けたNPO法人等
【実施自治体数】（26年3月現在）　全国で52自治体

【事業内容】
○緊急一時的な宿泊場所の提供
○健康診断等の実施
○就労に関する情報を提供
○適切な支援が受けられるよう助言・指導
【実施者】
自治体の委託を受けたNPO法人等
【実施自治体数】（26年3月現在）
（施設型）全国で2自治体，4施設，定員1,054人
（借上型）全国で51自治体，145施設，定員944人

緊急一時宿泊事業（シェルター）

ホームレス自立支援事業
（ホームレス自立支援センター）

【事業内容】
○宿所，食事，入浴，衣類下着類の提供
○基本的な生活相談，指導
○就労相談，指導
○健康相談，必要時には生活保護による治療
○住民登録も可能
○利用者に配慮した居住環境を確保
【実施者】
自治体の委託を受けたNPO法人等
【実施自治体数】（26年3月現在）
全国で9自治体，21施設，定員1,756人

安定した居住の場所の確保
・公営住宅の単身入居等
・低廉な家賃の住宅の情報提供
・民間の保証会社等を利用したアパート入居あっせん等
・住宅手当等の活用

就業機会の確保
（ハローワークとの連帯）
・きめ細かな職業相談
・免許・資格を取得するための技能講習
・一定期間の試行雇用　等

【就労による】

自　立

出所：厚生労働省（2015a）

3　日本のホームレス・生活困窮者に対する政策の展開　　35

適用について」（社援保発第0807001号）の通知では，「居住地がない」ことや「稼働能力がある」ことのみをもって，保護を受けられないということではないとした。そして，2008年の「リーマン・ショック」に伴う仕事と住居を同時に失う人が増加するなかで，「ホームレス」や「仕事と住まいを失った」者に対して，「現在地保護」の徹底と速やかな決定，居宅の支援確保に留意し，効果的で実効ある生活保護制度の運用に努めることを促す厚労省2009年10月「『緊急雇用対策』における貧困・困窮者支援のための生活保護制度の運用改善について」（社援保発1030第4号）等の通知が3回出されたことや2008年以降の年越し派遣村といった社会運動等により，ホームレスやホームレスに至るおそれのある者に対して生活保護制度が適正に運用されるようになった。生活保護制度の運用の改善だけでなく，ホテル等借り上げ型の緊急一時宿泊事業（シェルター事業）が拡大された。生活保護制度の適正な運用が日本における「ホームレス」数の減少にも少なからず寄与したと考えられる。

生活保護受給者の増加と「ホームレス」の減少

　生活保護受給者数は，2000年以降，全国的に増加傾向にあり，特に，2008年以降急増し，2014年12月現在で約217万人，保護率は全国で17.0‰となっている。大都市では高い水準にあり，大阪市（57‰），函館市（46‰），尼崎市（40‰），札幌市（37‰）等はきわめて高い水準にある。世帯類型別では，（2015年5月現在）は，①「高齢者世帯」が49.1％，②「傷病者・障がい者世帯」27.4％，③「母子世帯」6.5％，④「その他世帯」が17.0％である，①「高齢世帯」④「その他世帯」（①～③以外世帯）の増加が注目された。④の世帯には2008年以降の適正な運用により保護の適用となった稼働能力のある世帯が含まれている。生活保護受給者の増加と「その他世帯」の増加は，後述する生活困窮者自立支援制度創設の根拠のひとつとなった。生活保護に対する国庫負担金は2015年（予算ベース）で約3兆円，自治体負担を入れると3兆円を超え，そのうち医療扶助は約50％を占めている。一方，ホームレス特措法で規定するホームレス数は2003年の2万5,000人から年々減少しており，2012年には1万人を割り，2015年には6,541人となっている。2012年「ホームレス生活実態調査」結果では，高齢化，長期化，固定化等が指摘される。一方で，ホームレス

特措法に基づく就労による自立を図る自立支援センター中心の支援策の有効性も問われた。さらに,「広義ホームレスの可視化と支援策に関する調査」(NPOホームレス支援全国ネットワーク,2011年3月)等により可視化されていない,いわば広義のホームレス(ホームレスに至るおそれのある者等)や様々な複合的問題を抱える生活困窮者の存在が社会問題化してきたのである。

Ⅲ 生活困窮者自立支援制度へのホームレス自立支援施策の統合

　2008年以降,「ホームレス」だけでなく,生活困窮に至るおそれのある人びとの問題が社会問題となるなかで,新たな重層的なセーフティネット構築の必要性があるとの認識から,2012年社会保障審議会に「生活困窮者の生活支援の在り方に関する特別部会」が設置され,同年8月に「中間報告」,2013年1月に「最終報告書」が取りまとめられた。新たな生活困窮者は,「中間報告」では,「経済的困窮」と「社会的孤立」が対象として位置づけられていたが,「最終報告書」では,対象者は「経済的困窮者」と狭くなった。そして,「最終報告書」をふまえ,改定生活保護法と生活困窮者自立支援法は2013年6月一度審議未了で廃案となったが,同年10月に両法案は再提出され,12月に成立した。2014年度のモデル事業を経て,2015年4月に施行されるに至った。

　両制度は一体的に実施される点にその特質がある。生活保護法の改正は,受給者の就労・自立促進や医療扶助の適正化等を内容としている。そして生活扶助や住宅扶助の切り下げ等が実施されている。本章では,改定生活保護法とその影響については,紙幅との関係でふれない。新法の成立によって,日本の社会保障制度体系は,第1のネット「社会保険(労働保険含む)」,第2のネット「生活困窮者自立支援法」,「求職者支援制度」(2011年10月),第3のネット「生活保護制度」の3層のセーフティネットに再構成された。

生活困窮者自立支援制度の事業内容

　新法の目的は,「生活困窮者自立相談支援事業の実施,生活困窮者住居確保給付金の支給その他の生活困窮者に対する自立の支援に関する措置を講ずることにより,生活困窮者の自立の促進を図ること」(同法第1条)で,生活保護制

度に至る前の段階で、自立支援策により生活困窮者の自立促進を図ることにある。新法の対象者である「生活困窮者」は「現に経済的に困窮し、最低限度の生活を維持することができなくなるおそれのある者」（同法第2条第1項）と定義されている。

　新法の事業は、「必須事業」（すべての福祉事務所設置自治体901が実施しなければならない）と「任意事業」からなっている。「必須事業」は、「自立相談支援事業」と「居宅確保給付金」で、国の負担は3/4、自治体は1/4である。「任意事業」は、「就労準備支援事業」（国庫補助2/3）と「一時生活支援事業」（生活困窮者のうち住居に不安を抱えている層に対し、一定期間、衣食住の提供を行う事業で国庫補助2/3）、「家計相談支援事業」（国庫補助1/2）、「学習支援事業」（国庫補助1/2）である。「一般就労」につながる「就労訓練事業」（いわゆる「中間的就労」）は、都道府県による「認定」事業で、国庫補助はない。

　2015年1月、ホームレス特措法第8条1項に基づく「国の基本方針」（2013年7月31日）の改正がなされ、特措法に基づくホームレス対策は基本的に新法に基づき実施するとした。それは、第1に新法は、ホームレスやそのおそれのある層を含め、広く生活困窮者を対象に包括的な支援を提供するため、新法の柱にホームレス対策を位置づけ、第2に、現行ホームレス対策は2008年のリーマン・ショックを受けての緊急的措置であり、全額国庫補助（10/10）の基金事業として実施されてきたが、同事業は2015年3月末で終了するからであること、さらに、ホームレス対策を新法に位置づけることによって、ホームレス支援に関して安定的財源が確保可能である、との観点が示された。その結果、ホームレス特措法は、法としては2017年8月まで存続するが、「ホームレス総合相談推進事業」（巡回相談事業）、「ホームレス緊急一時宿泊事業」（シェルター事業）、「ホームレス自立支援事業」（ホームレス自立支援センター）は、「一時生活支援事業」に組み込まれることになった。

　この生活困窮者自立支援制度の事業の主な特徴をあげるとすると、第1に、従来の縦割りの支援方法から「伴走型」あるいは「寄り添い型」支援への転換（「自立相談支援機関」が包括的な生活困窮者支援をコントロールする）と地域における社会資源開発とNPO等民間団体など他の支援機関等との連携を必要とすることである。第2には、生活困窮者自身に対する経済的給付がないという点に

ある。第3に，ホームレス自立支援センターの入所期間は半年で，実際半年を超えるケースもあったのに対し，「一時生活支援事業」は，原則3か月（半年間まで延長可能）と支援期間が短い。第4に，就労準備事業等にみられるように，「就労」に焦点化されていること，第5に，家計相談支援や貧困の再生産防止を目指す学習支援事業といった新しい支援事業があることである。最後に，これまでのホームレス等の生活困窮者支援は，政令市等の一部自治体において行われてきたが，新法施行により，必須事業として自立相談支援事業・住居確保給付金が全国的に構築されることによって，大都市偏在状況が一定緩和することが期待される点である。2015年4月時点での任意事業の実施状況は，「就労準備支援事業」253自治体（28%），「一時生活支援事業172自治体」（19%），「家計相談支援事業」205自治体（23%），「学習支援事業」300自治体（33%）である。一時生活支援事業の割合は低いが，2015年7月調査結果では，40%程度まで高くなる可能性がある。

新法による支援のしくみと一時生活支援事業

　生活困窮者自立支援制度の根幹は必須事業「自立相談支援事業」にある。同事業はアウトリーチ等により，生活困窮者を早期に発見し，①生活困窮者が抱えている課題を評価・分析し，そのニーズを把握し，②ニーズに応じた支援が計画的かつ継続的に行われるよう，自立支援計画を策定し，③自立支援計画に基づく各種支援が包括的に行われるよう，関係機関との連絡調整を実施等の業務を行うものである（図表3-2参照）。したがって，「一時生活支援事業」の実施に際して，必須事業である自立相談支援事業をいわばコントロールタワーとして，本人の状況に応じた様々な支援を包括的に実施するしくみとなっており，自立相談支援事業との連携が不可欠となっている。

　この一時生活支援事業の利用者として想定されている者は，居所がない者および居所を失う可能性がある者などである。緊急ケースを除き，生活困窮者と同一世帯員の所得や金融資産に関する具体的な要件が設けられている。

　ホームレス対策における業務は新法に組み込まれる必要がある。そこで，イメージを示したのが，図表3-3である。同図表は自立支援センター設置の自治体向けである。シェルターと自立支援センターは一時生活支援事業を構成す

図表3-2　生活困窮者自立支援法とホームレス対策における業務範囲

生活困窮者自立支援法の事業名	ホームレス対策における業務範囲
自立相談支援事業	アウトリーチ（巡回相談等）
	アセスメント（相談支援）
	プラン（自立支援計画）の策定
	生活習慣の改善支援
	ハローワーク等を活用した就労支援
	（施設退所後の）フォローアップ＊
一時生活支援事業	衣食住の提供
家計相談支援事業	家計管理支援
就労準備支援事業，就労訓練事業	就労支援，中間的就労

＊フォローアップについては，自立相談支援事業の手引きを参照する。
出所：厚生労働省（2015a）

るが，一時生活支援事業には，人件費がないことから，巡回相談，自立支援センターの職員は，自立相談支援機関からの配置となる。自立支援センターを継続して設置している自治体での自立支援センターでは，所属が自立相談機関に移動しただけで，従来と同じ支援業務が実施されることになる。

　自立支援センターおよびシェルター施設方式の相談支援員の人件費は「自立相談支援事業」の事業費があてられ，一時生活支援事業の経費は衣食住を対象としており，施設の一般的管理に従事する職員の人件費は一時生活支援事業の事業費があてられる。そして，「ホームレス」数に応じて自立相談機関には，加算がなされる。このような形態で組み込まれたケースとしては，ホームレス自立支援センター設置自治体で，「NPO法人抱樸」受託の北九州市や，京都市などが該当しよう。

　一時生活支援事業の実施主体は，福祉事務所設置自治体で，事業の運営は，①自治体の直営か，②委託による事業実施がある。この一時生活支援事業は，実施自治体で異なっている。第1は，複数の自治体による広域的実施である。大都市以外の地方自治体や自立支援センター未設置の自治体が該当しよう。大都市以外の自治体では，その必要性がありながらも1自治体での実施に困難を伴う場合がある。静岡県富士にあるNPO法人POPOLO（ポポロ）は県内7自

図表3-3 一時生活支援事業について

事業の概要
○ 一時生活支援事業は，現在，各自治体においてホームレス対策事業として実施しているホームレス緊急一時宿泊事業（シェルター）及びホームレス自立支援センターの運用を踏まえ，これを制度化するものである。
○ 福祉事務所設置自治体は，住居のない生活困窮者であって，所得が一定水準以下の者に対して，原則3ケ月間（最大で6ケ月間）に限り，宿泊場所の供与や衣食の供与等を実施。
※ 職員配置に係る費用については，一時生活支援事業には含まれておらず，自立相談支援機関の相談員が必要に応じて支援を実施（自立支援センターの相談員は自立相談支援機関から配置）。

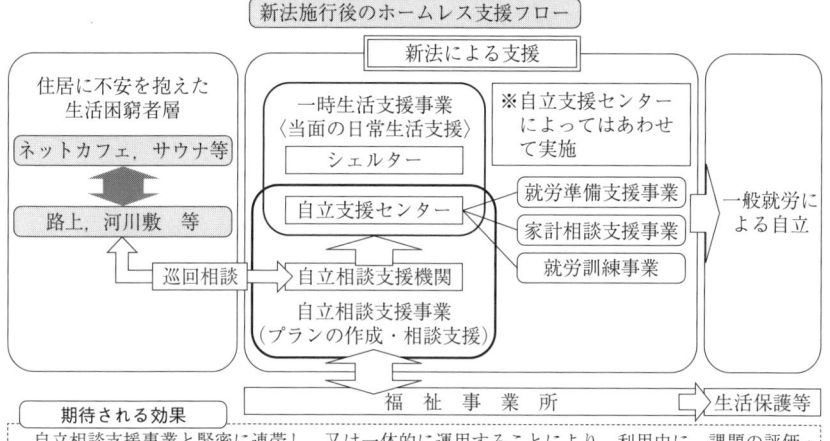

新法施行後のホームレス支援フロー

住居に不安を抱えた生活困窮者層
- ネットカフェ，サウナ等
- 路上，河川敷　等

新法による支援
- 一時生活支援事業〈当面の日常生活支援〉
  - シェルター
  - 自立支援センター
- ※自立支援センターによってはあわせて実施
  - 就労準備支援事業
  - 家計相談支援事業
  - 就労訓練事業
- 巡回相談 → 自立相談支援機関
- 自立相談支援事業（プランの作成・相談支援）

福祉事業所 → 生活保護等
一般就労による自立

期待される効果
自立相談支援事業と緊密に連帯し，又は一体的に運用することにより，利用中に，課題の評価・分析（アセスメント）を実施し，就労支援，更には就労につなげるなど，現行以上の効果的な支援を行う。
➢ 住居を持たない生活困窮者に衣食住というサービスを提供するとともに，状況によっては，本事業を利用している間に，仕事を探し，アパート等を借りるため等の資金を貯蓄し，自立。

出所：厚生労働省（2015a）

治体（富士・三島・沼津・富士宮・藤枝・島田・掛川）の一時生活支援事業を受託している。大阪府（大阪市を除く）も借り上げホテルを複数自治体で活用している。第2は，複数のNPOが共同事業体をつくっている事例（札幌市4団体）である。第3に，一時生活支援事業未実施自治体のなかには，無料低額宿泊所を短期の生活保護施設として利用することで，実質的に代替策としている事例もみられる。だが，全容は必ずしも明らかになっていない現状にある。

最後に，新法とホームレス特措法の対象者とそれぞれの事業について確認しておこう。新法の対象者は，「現に経済的に困窮し，最低限度の生活を維持することができなくなるおそれのある者」で，ホームレス特措法の対象者は，

図表 3-4　生活困窮者自立支援法と生活保護に基づく事業

▼新法に基づく事業と生活保護法に基づく事業の関係

○ 生活保護法は，現に保護を受けている者（法第6条第1項），現に保護を受けているといないとにかかわらず，保護を必要とする状態にある者（法第6条第2項）が対象。
○ 生活困窮者自立支援法は，現に経済的に困窮し，最低限度の生活を維持することができなくなるおそれのある者（法第2条第1項）が対象（要保護者以外の生活困窮者）。
　※　ただし，子どもの学習支援事業については，生活保護受給家庭の子どもも，将来最低限度の生活を維持できなくなるおそれがあることから，新法の対象。
○ 新法に基づく事業と生活保護法に基づく事業が連携して，連続的な支援を行うことが重要。また，自立相談支援事業において，生活保護が必要な場合には，確実に生活保護につなぐ。

新法に基づく事業	生活保護法に基づく事業
生活困窮者自立相談支援事業	第55条の61に基づく被保護者就労支援事業
生活困窮者就労準備支援事業	第27条の2に基づき予算事業での実施を検討
生活困窮者家計相談支援事業	第27条の2に基づき予算事業での実施を検討 ※　今回の見直しで自ら収入及び支出を適切に把握することを受給者の責務として位置づけている
生活困窮者の子どもの学習支援事業 その他の自立促進事業	生活保護受給者の子どもへの学習支援については新法の対象
生活困窮者住居確保給付金	（住宅扶助）
生活困窮者一時生活支援事業 ※一定の住居を持たない者への宿泊場所供与等	（生活扶助，住宅扶助）

出所：厚生労働省（2015a）

「健康で文化的な生活を送ることができないでいる」との認識が示されているため，特措法でいうホームレスは，新法の対象者となる。生活保護法の要件を満たす場合，保護の対象となる。新法と生活保護法の事業について，図表3-4にみるように，両者の連携が強調されているが別の事業となっている。

　以上，生活保護制度，新法へのホームレス特措法への統合・再編についてみてきた。ホームレスやホームレスに至るおそれのある者に対し，大都市自治体や広域的に一時生活支援事業実施自治体では一定の役割を果たす可能性があろう。ただ，支援期間が短期であることやいわゆる「一般就労」への道筋が見えにくい点等の課題があると考えられる。新法が施行されて間もないため，今後どのように推移していくのか，その実績を含めた調査研究が必要であろう。

▼参考文献

NPOホームレス支援全国ネットワーク（2015）『伴走型支援士認定講座テキスト2級』，『同1級』
厚生労働省（2015a）『一時生活支援の手引き』（平成27年3月6日付け社援地発0306第1号「生活困窮者自立支援制度に関する手引き策定について」）
厚生労働省（2015b）『生活困窮者自立支援制度に関する質疑応答集』平成27年3月
厚生労働省生活困窮者自立支援制度全国担当者会議資料（2015）『ホームレスの自立の支援等に関する基本方針の改正について（案）』2015年1月
社会保障審議会（2015）『生活困窮者の生活支援の在り方に関する特別部会報告書』2015年1月
生活保護制度研究会（2014；2015）『保護の手引き』平成26年度，平成27年度，第一法規出版
中央法規出版編集部編（2014）『改正生活保護法・生活困窮者自立支援法のポイント――新セーフティネットの構築』中央法規出版

4 日本の地方中小都市における貧困と排除から考える社会政策的課題
―― 母子世帯に注目して

志賀 信夫

はじめに

　本章では，日本の地方中小都市における母子世帯の母親および子どもの貧困と社会的排除に焦点をあて，そこから示唆される社会政策を追究していく。

　本節では追究の前提として，①地方中小都市の定義，②地方中小都市に注目する理由，以上の2点について論じる。

　まず，①の本章における地方中小都市の定義についてだが，これについては貞包英之（2015）の「地方都市」の定義を参考にしたい。貞包は地方都市を定義することは困難であると断ったうえで，それを過疎地域および関東，中京，近畿の三大都市を除いた日本の大部分として考えている。本章で論じようとしている地方中小都市は，貞包が論じる地方都市のなかの，「社会的不利」（全 2015）の側面をもつ地域であるとしておきたい。

　次に，②地方中小都市に注目する理由について説明したい。筆者が地方中小都市に注目するのは，簡潔に述べると，社会的資源の相対的な少なさとその形成の困難性による貧困・排除の深刻化が都市部よりも熾烈であり，なおかつそれが不可視化傾向にあるからであり，そしてこれが都市部の貧困問題に焦点をあてた政策対応とやや異なるものを要請する根拠となっているからである。

　なお，本章では具体的な地域として九州地方のM県に注目したい。ここでM県に注目するのは，筆者自身が当県において生活困窮者支援活動に携わってきたという偶然的な理由もあるが，公共交通機関の不利性，賃金の低さ，自殺率の高さ，これに対する社会的資源の相対的な少なさなど，地方中小都市の不利性を多く含んでいるからである。

I　地方中小都市における格差と排除の見えづらさ

　社会的不利が複合的に重なっており，社会的資源の少ない地方中小都市における母子家庭の母親が直面する貧困や社会的排除の問題は，ある深刻な問題を伴っている。それは，より見えづらいものであるという問題である。母子家庭の母親に限らず，地方中小都市における格差と排除が見えづらいものであるというのは，ある素朴な思い込みに起因している側面がある。
　その思い込みというのは，従来の家族共同体やそのような家族共同体によって形成される地域共同体による家族福祉や地域福祉を担う一定のセーフティネットが残っており，それゆえに都市部の貧困や排除よりはまだ問題は深刻でないのでは，というものである。
　このような思い込みは，都市部の人びとが地方中小都市に対してもっている場合もあるが，地方中小都市に居住している人びとのなかにもそのような感覚をもっている場合が少なくない。このような思い込みを過小評価してはならないと筆者は考えている。なぜなら，それが地方中小都市の社会的資源の開発を遅らせ，政策的な対応を遅らせる原因のひとつにもなっているという現状をみてきたからである。
　このような思い込みが妥当性を欠いているということを説明するためには，地方中小都市においても都市部で問題となっているような貧困や排除の問題があるのだということを明らかにしていく必要がある。そのうえでさらに地方中小都市の特殊性にアプローチしていく必要がある。

II　地方中小都市における産業構造と家族形態の変化

産業構造の変化
　本節では，統計的なデータ等に基づいて，地方中小都市であるM県においても，都市部と共通する問題が内在していることを明らかにしていく。
　まずは，図表4-1と図表4-2をみてみよう。図表4-1は，M県，F県および全国の産業3部門における就業者数の割合を比較したものである。また図

表4-2は，M県における産業3部門における就業者数の割合の推移を示したものである。図表4-1においてF県を考慮にいれておいたのは，九州地方における最も都市化が進んだ地域との比較を射程におさめるためである。

M県は，しばしば農業県であるといわれ，地域住民にとって農業政策は一定の関心の的である。農業に限らず，第1次産業そのものが他県に比較して相対的に盛んである。実際に，第1次産業における全労働者に占める就業者の割合は高い。第2次産業は，F県より高く全国平均とほぼ同じ位である。第3次産業は，F県および全国平均より低い。

ここで注意しておきたいのは，産業構造について現在の一時点のみを切り取って分析するのではなく，プロセスを分析することによって傾向性をつかむことである。図表4-2をみると，第1次産業に従事する労働者の割合は，

図表4-1　産業3部門の就業者数に占める割合

	M県（%）	F県（%）	全国（%）
第1次産業	11.8	3.1	4.2
第2次産業	21.6	20.9	25.2
第3次産業	66.6	76.0	70.6

出所：平成22年国勢調査

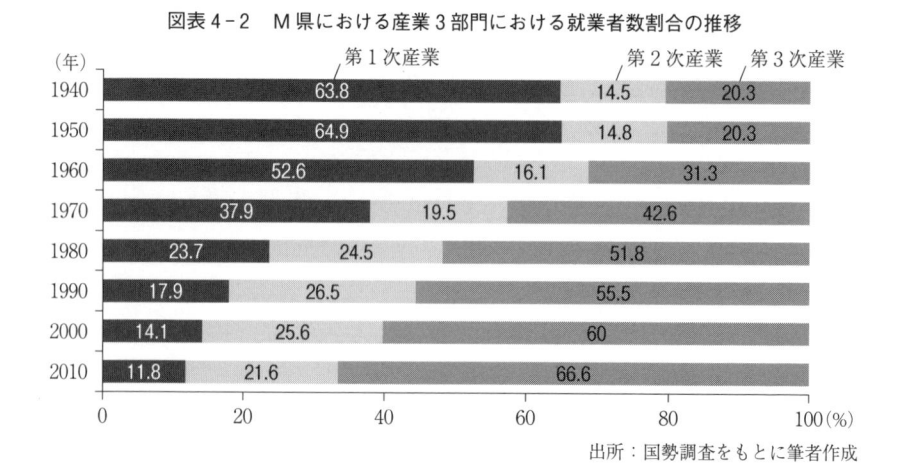

図表4-2　M県における産業3部門における就業者数割合の推移

（年）	第1次産業	第2次産業	第3次産業
1940	63.8	14.5	20.3
1950	64.9	14.8	20.3
1960	52.6	16.1	31.3
1970	37.9	19.5	42.6
1980	23.7	24.5	51.8
1990	17.9	26.5	55.5
2000	14.1	25.6	60
2010	11.8	21.6	66.6

出所：国勢調査をもとに筆者作成

1940年から2010年までに5分の1以下にまで減少している。その一方、第3次産業は約3倍になっている。

つまり、M県は相対的にみて農業県であることは確かだが、全国的な産業構造の経年変化と歩調をともにしているのである。なお、図示していないが、2005年から2010年の期間の国勢調査の結果をみると、第3次産業において増加傾向にある産業分野は、医療福祉の分野であり、その一方、農業林業、建設業は減少傾向にあることもわかっている。これは高齢者の増加を背景にしていると思われるが、この点に関しては別稿において改めて論じることにしたい。

産業構造と家族形態

産業構造の変化が、家族形態に及ぼす影響はよく知られている。詳細な再検討は行わないが、たとえば、G. P. マードック、W. J. グード、T. パーソンズなどを経過して現在に至る家族社会学の議論をここでは想定している。

産業構造の変化と家族形態が影響し合うものであることは、一般的な議論のなかでもほぼ定説となっており、ここではその定説にしたがっていくことにしたい。ここで、単に工業化だけでなくサービス産業の中心化も射程に入れるとすると、核家族化の議論だけでなく家族形態の多様化および1世帯あたりの世帯人員の減少の議論と関係してくることを強調しておきたい。

本節前段では、産業構造の変化を論じてきたが、M県における家族構造はどのような変化があったのであろうか。この変化を示したものが、図表4-3である。

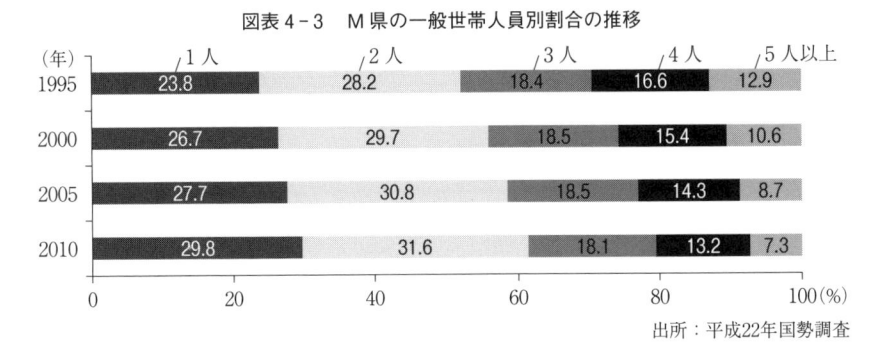

図表4-3 M県の一般世帯人員別割合の推移

(年)	1人	2人	3人	4人	5人以上
1995	23.8	28.2	18.4	16.6	12.9
2000	26.7	29.7	18.5	15.4	10.6
2005	27.7	30.8	18.5	14.3	8.7
2010	29.8	31.6	18.1	13.2	7.3

出所：平成22年国勢調査

図表4-3から，世帯数が増加している一方で，世帯人員が減少していることが看取できる。
　ここで重要なのは，家族形態の多様化，1世帯あたりの世帯人員数の減少，そして単身世帯および二人世帯が増加しているという事実である。

Ⅲ　家族福祉の「個人化」

　世帯人員数の減少傾向は，これに伴い，家族福祉の担い手が減少するという量的な変化だけでなく，「個人化」という質的な変化を引き起こしていると考えられる。筆者は後者の「個人化」のほうに注目したい。ここでは，U. ベック（Beck 1986＝1998）によって論じられる概念を念頭においている。
　「個人化」とは，社会の近代化を背景としているものであり，伝統的な規制やコミュニティから人びとが解放されるという側面と同時に，伝統的な規制やコミュニティによって集団的に対応していたリスクが各々の個人に帰されていくというプロセスを指している。
　本章の議論にひきつけて考えると，日本の社会では，子どものケアの担い手がその親に，そして高齢者のケアは高齢者自身かその配偶者へというように，ケアの受け手の生活圏域により近い個人に負担が集中することになってきているといえよう。これは，地方中小都市を含めた日本の大部分の地域に生じている傾向性である。
　このようなケア労働の集中化は，結果としてケアをする側の実際の負担および負担感を増し，就労等の経済生活だけでなく，社会生活にも負の影響を与える可能性がある。

Ⅳ　地方中小都市における子どもの貧困

　貞包は，地方中小都市を含めた地方都市全体で，格差が拡大してきていることを指摘している。かつては，都市部と比較した際の労働条件の相対的劣悪さ，職場の選択や転職の相対的困難さを代償として，地方都市の雇用は安定が維持されていたが，近年はその「安定」が徐々に掘り崩されている。その原因

のひとつは，近年の非正規雇用の増加にあるとみられている（貞包 2015）。
　本章ではさらに地方都市の貧困や排除の問題にまで踏み込んでいきたい。格差のなかの貧困の問題である。
　本章第Ⅲ節にて，筆者はリスクの個人化について言及したが，特にそのなかで母子家庭の母親が抱えるリスクは非常に大きくなっている。つまり，このリスクにより経済的困窮や社会的排除の状況に至る可能性が高くなっているのである。これに伴い，母子家庭の子どもが経済的困窮に追い込まれ，社会的排除の状態に陥ってしまうケースだけでなく，経済的困窮状態を回避するため母親が就労を優先し，結果として子どもが排除の状況に陥ってしまうケースの両方が生じている。実際に，厚生労働省による全国母子世帯等調査結果報告によれば，日本の母子家庭の母親の就業率は80％超であり，世界的に高いといわれている。それは地方中小都市でも同様の傾向性があり，M県の母子家庭は90％超となっている（平成24年 M県「ひとり親世帯生活実態調査」）。
　ここで，母子家庭の母親の不利性に注目するのは，ひとり親になる際の子どものひき受け手が女性であるケースが相対的に多いからである。M県においてもこれは例外ではない。図表4-4は，M県におけるひとり親世帯の世帯数および出現率の推移を示している。
　図表4-4によれば，母子世帯数は一貫して父子世帯数よりも圧倒的に多い。これは，ひとり親世帯となる場合，子育ての負担が女性に集中する傾向があるということを示している。
　また，図表4-5は母子世帯の母親および父子世帯の父親の就労形態を比較したものである。母子世帯の母親の就労形態の特徴は，臨時雇用への従事率が男性よりも圧倒的に高いこと，そして自営業従事率が低いことである。あわせて図表4-6をみてほしい。図表4-6は，M県におけるひとり親世帯の就労上の問題に関する調査結果である。この調査結果からは，母子世帯の就労上の問題の第1位として「給料が安い」と回答されている。もちろん，表からわかるように，男性にも給料の問題は強く認識されている。武川（2011）が指摘するように，近年の労働市場は新自由主義やフェミニズム運動の影響により，ジェンダーフリーやエイジフリーの傾向性をもつため，地方中小都市であっても今後はさらに両者（男性と女性が抱える問題）が類似してくる可能性は高い。

図表4-4　M県におけるひとり親世帯数の推移

調査年	総世帯数（件）	母子世帯 世帯数（件）	母子世帯 出現率（%）	父子世帯 世帯数（件）	父子世帯 出現率（%）
1997年	430,989	12,270	2.85	2,385	0.55
2002年	448,142	14,102	3.15	2,573	0.57
2007年	459,690	15,294	3.33	2,621	0.57
2012年	467,415	15,675	3.35	1,645	0.35

出所：M県「子ども対策特別委員会資料」平成27年5月28日，福祉保健部作成

図表4-5　ひとり親世帯の就労形態

（単位：%）

区分	常用雇用者	臨時雇用者	自営業	内職・その他	無職
母子世帯	43.3	40.0	6.2	2.3	7.4
父子世帯	55.6	12.3	23.4	2.7	4.2

出所：平成24年M県「ひとり親世帯実態調査」

図表4-6　ひとり親世帯における主な就労上の問題

（単位：%）

母子世帯		父子世帯	
給料が安い	46.8	子どものことで休むこと	36.2
子どものことで休むこと	33.1	給料が安い	35.8
身分が不安定	14.7	残業ができない	10.9
育児等のため条件のいい仕事ができない	12.5	育児等のため条件のいい仕事ができない	10.2

出所：平成24年M県「ひとり親世帯実態調査」

　図表4-4，4-5，4-6から，母子家庭の母親の不利性の一部が主観的にも客観的にも明らかになっているわけだが，この不利性は子どもの貧困に2つの影響を及ぼすことになる。
　まず第1に，経済的貧困による影響である。母子家庭の母親の社会経済的不利性は経済的貧困と結びつく。母親の経済的貧困は子どもの不利性に大きく影響することは想像に難くない。この第1の側面は，2012年の子どもの貧困率

16.3％という数値によって一般的に語られるものと関係している。

　そして第2に，時間的貧困による影響である。母子家庭の母親が経済的困窮を回避するために子どもの養育に携わることが困難となってしまう可能性があるということである。これにより，結果としてやはり子どもの不利性に大きく影響してしまう。この第2の側面は，所得の低さとして貧困を計測する「子どもの貧困率」からは排除され議論の俎上にあがらないケースが含まれている。

　第1と第2の点は，一見すると異なるもののようにみえるが，経済的貧困や時間的貧困ゆえに，親やその子どもの「福祉（well-being）」を追求する自由が制限されているという意味で，A. セン（Sen 1985＝1988；Sen 1992＝1999）が論じているケイパビリティの欠如に相当するものである。

V　地方中小都市の貧困と排除の深刻化

　地方中小都市では，子どもの貧困や排除が質的に深刻化した後に発見に至るケースが多いということは筆者の行った実践家へのインタビュー調査から明らかになっている。確かに都市部でも地方中小都市でも，母子家庭の母親とその子どもの貧困や排除は同様に生じてきている。しかし，地方中小都市の母子家庭は，支援に至るまでに陥っている貧困や排除の深刻さという意味で，やや都市部と異なっているケースが多い。この点は，地方都市の実践家や子どもの貧困に携わっている者が経験的に感じていることである。この深刻化について分析すると，主に3つの要因を見出すことができる。

　第1に，従来のような家族共同体やそのような家族共同体から形成される地域共同体による家族福祉や地域福祉がいまだに存在しているという素朴な思い込みによって，地方中小都市の子どもの貧困が看過され，不可視化されてしまっているという要因をあげることができる。本章ではこの点について，産業構造の変化と家族形態の変化を順次分析し，世帯人員数の減少を指摘し，リスクの個人化という表現を使って論じてきた。

　第2に，そもそもの人口が都市部と比べて少なく，仮に貧困率等が同じでも，相談の絶対的件数が少ないために，都市部と比較して支援のノウハウを蓄積した社会的資源が形成されにくいという要因をあげることができる。さら

に，第1の要因と関係するが，仮に地方中小都市において社会的資源づくりに取り組もうとしても，ノウハウの問題だけでなく，子どもの貧困が不可視化傾向にあるために，地域住民の関心をひかず，理解を得ることもむずかしいという現状が依然としてある。

第2の要因に関連してさらにいえば，M県内においても県庁所在地であり中核市でもあるM市と他の市町との社会的資源の格差が激しいことも看過すべきではない。2015年3月，M県は子どもの貧困に携わる社会的資源の県内調査を行ったが，計34団体のうち，社会福祉協議会を除くほとんどの団体はM市に集中していた。そもそも社会的資源がない市町のほうが多かったのである。これは地域内格差の問題として改めての検討が必要である。

第3に，社会的資源の形成が困難であるために，結局は行政による経済的困窮への対応が中心となってしまい，それが常態化することで「貧困＝経済的貧困」という理解が再生産されているという要因をあげることができる。経済的貧困回避のために時間的貧困に陥ってしまう世帯の子どもが抱える問題を，ある実践家は「心の貧困」であると表現し，その対応の必要性を強く主張し続けてきた。しかし「心の貧困」は，一見すると主観的な問題領域のようにみえてしまうこと，そして「貧困＝経済的貧困」観の再生産が常に無自覚に行われている状況にあっては軽視されてしまうことがしばしばありうるのである。

以上，地方中小都市における子どもの貧困が深刻化する3つの要因について述べてきたが，これらの諸要因は相互に関連し合っている。

Ⅵ　示唆される社会政策的課題

本章で導かれた分析結果は，地方中小都市の貧困の諸要因に関する一部にすぎない。それを断ったうえで，分析から示唆される政策的対応について若干の整理をしておきたい。

まず，何よりも経済的貧困の回避と時間的貧困の回避がトレードオフの関係にならないような政策が必要である。これを実現するには，ひとつの政策だけではなく，いくつかの政策を戦略的に体系立てていく必要がある。これは地方中小都市だけでなく，都市部においても妥当するものである。ただし，このよ

うな政策形成のためには、「貧困＝経済的貧困」という貧困の説明とは異なる新たな理論的再検討を行う必要がある。簡潔にいえば、貧困とは「福祉（well-being）」を追求する自由の制限であるということを基礎にした説明を確立すべきである。「貧困＝経済的貧困」という理解に拘泥する限り、貧困は再生産され続ける。

また、母子家庭の母親およびその子どもの福祉（well-being）の向上のためには、財だけでなく、能力や環境に対する支援が総合的に必要となるが、これは集団主義的な政策だけでなく、個別支援が重要となる。この個別支援は、民間の社会的資源によっても柔軟性をもって推進されるべきであるが、そのためには社会的資源の形成を支える経済的支援政策が必要である。このような経済的支援政策は地方中小都市においては、特に重要である。たとえば、民間の支援団体によるアウトリーチを通したより柔軟な支援が可能となれば、「貧困＝経済的貧困」観の再生産をくいとめ、地方中小都市の貧困もより見えやすいものとなる可能性がある。貧困問題がより可視化されれば、よりよい対応への契機となりうるのである。

▼参考文献

全泓奎（2015）『包摂型社会——社会的排除アプローチとその実践』法律文化社
貞包英之（2015）『地方都市を考える——「消費社会」の先端から』花伝社
武川正吾（2011）『福祉社会学の想像力』弘文堂
Beck, U. (1986) *Risikogeselschaft auf dem Weg in eine andere Moderne*, Suhrkamp Verlag（東廉＝伊藤美登里訳，1998，『危険社会——新しい近代への道』法政大学出版局）
Sen, A. K. (1985) *Commodities and Capabilities*, Elsevire Science Publisher（鈴村興太郎訳，1988，『福祉の経済学——財と潜在能力』岩波書店）
Sen, A. K. (1992) *Inequality Reexamined*, Oxford University Press（池本幸生＝野上裕生＝佐藤仁訳，1999，『不平等の再検討——潜在能力と自由』岩波書店）

5 韓国の住宅政策と居住福祉政策

金 秀顯

I 韓国の経済成長と住宅問題

韓国の経済成長と都市化

　朝鮮戦争の焼け跡から立ち上がった韓国は，1960年代に本格的な経済開発に着手して以降，「圧縮成長」の典型ともいえる経済成長をみせた。韓国は，戦後に独立した国としては初めて，被援助国から経済協力開発機構（OECD）の開発援助グループに転換を遂げた国となった。

　資本と資源における劣勢にもかかわらず韓国が経済成長を成し遂げた秘訣は何か。様々な意見はあるが，安価で豊富な質の良い労働力，輸出志向型戦略の成功，儒教に基づいた社会関係，権威主義から民主主義への移行，国家主導の重化学工業振興などが主な要因としてあげられよう。このうち，住宅問題と密接なかかわりをみせるのが「安価で豊富な」労働力である。農村に散在する労働力を産業生産地（＝大都市）に結集させてこそ「安価な」労働力として機能するわけで，そうした意味では，韓国の経済成長の歴史は都市化の歴史でもあった。都市化は1960年代から進んでおり，1990年までの30年間は，年間28万名のペースでソウルへの人口流入が続いた（図表5-1，図表5-2）。2014年現在，韓国の総人口のおよそ5割は首都圏に住んでいる。首都圏への人口集中率はOECDでも最高水準である。

　韓国は，政府主導で主要拠点（＝大都市または工業団地）に産業基盤を築き，そこに農村地域の豊富な労働力を誘導することで，経済成長を続けてきた。このような都市化が，その後の深刻な住宅問題の火種となった。

高度成長と住宅問題

　韓国の住宅費は，急激な都市化と所得の拡大を背景に，1960年代後半から周

期的に高騰を繰り返した。住宅費が1960年代後半からおよそ10年周期で高騰をみせたため，いわゆる「10年周期説」が広まった。また，不動産投資なら損をしないという「不動産不敗神話」があたかも事実のように広まった。さらに，政府は，住宅費の抑制に努めつつも，景気が落ち込むたびに不動産景気にすがった。それゆえ，政府の住宅政策は「シーソーポリシー（日和見政策）」と批判を受けた。韓国では今なお，高い住宅価格が最も深刻な住宅問題として認識されている。

経済力に比べて住宅の水準が低いことも問題である。住宅が足りないうえ，粗末な住宅が供給されてきたため，住宅の水準が低い。1995年に初めて実施された調査では，全体の3分の1にあたる世帯が最低居住水準以下で暮らしていることが明らかになった。その後，居住水準は急速に改善したが，駐車場や公園が未だ足りておらず，韓国の居住水準は依然として低い（図表5-3）。

さらに，高度経済成長期の終

図表5-1　韓国の都市化の推移

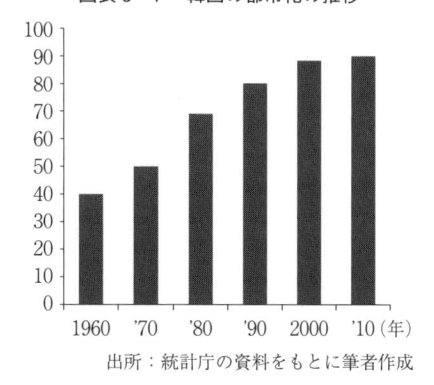

出所：統計庁の資料をもとに筆者作成

図表5-2　ソウルの人口推移

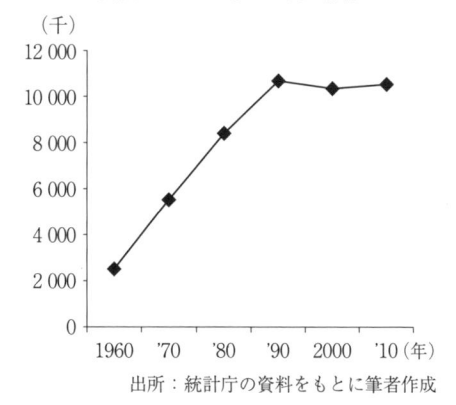

出所：統計庁の資料をもとに筆者作成

図表5-3　最低住居基準以下で暮らす世帯の規模

年度	比率（％）
1995	34.4
2000	23.4
2005	13.0
2010	10.6
2014	5.3

出所：金惠承（2007：31）。2010年，2014年については国土海洋部統計資料

焉と同時に経済の二極化と貧困の拡大が進んだため，住まいの貧困が拡がっている。通貨危機を契機に路上生活者が急増したため，緊急シェルターだけでも常時3,000名余りを抱えており，「チョッパン」，「考試院(コシウォン)」，「ビニールハウス」などの劣悪な住まいに暮らす人びとは20万名にのぼるとみられている。これらのタイプの住まいは，違法なだけでなく，普通の住宅よりも面積あたりの住宅費が高い。他の国の大都市でもこのような不良住宅はみられるが，韓国は状況が酷く，問題の規模が大きい。

II 韓国の住宅政策

住宅費の統制にとどまった住宅政策

　韓国政府は，住宅費の上昇に常に悩まされており，需要の調節と供給の拡大を通じて住宅費と闘ってきた。まず，需要と供給の不一致が続いたため，強力な需要管理を行ってきた。投機家に対する税務調査をはじめとして，譲渡税の重課，保有税の強化，開発利益の回収，融資の抑制まで，様々な手段を講じてきた。だが，政府が最も力を入れた戦略だったにもかかわらず，景気悪化の際，緩めたため，国民の信頼は失われている。世界でも稀にみる高税率の譲渡所得税を課したこともあったが，住宅需要に持続的に影響を与える保有税の強化や賃貸所得税の導入は先延ばしにしてきた。不動産融資の管理も景気の動向に左右され，家計や銀行を健全化させる取り組みが定着しない。

　供給管理にも特徴がある。アパート用宅地のかなりの部分を公共機関が供給しているのである。1980年に導入された宅地開発促進法で公共機関に民間の土地を収用する権限が与えられて以降，30年以上経った今でも，公共機関が最大の宅地供給主体となっている。特に，首都圏に最近建設されたアパートの7割以上は公営宅地に建っている。韓国の総人口の4分の1は公営宅地で暮らしているのである。市場原理にかなっているのかという議論にさらされながらも，公営宅地の供給が政府の最も強力な供給管理手段となってきた。また，新規住宅への需要が供給を上回るなか，アパートの請約制度を通じて，新規住宅の配分を管理してきた。これも韓国の特徴といえよう。

バラック集落が担った居住福祉政策
(バンジャチョン)

韓国の住宅政策は，供給の拡大と需要の管理を通じて住宅費を統制するものにとどまった。先進国で重視されているような居住福祉政策は後回しにされてきたのである。

韓国で公共賃貸住宅が初めて供給されたのは1989年であり，当時の1人あたりの国民所得は5千ドルほどだった。先進国では1970年代中ごろに同様の所得水準に達しており，その当時の各国の公共賃貸住宅のストックを比べると，イギリスが28％（1971年），オランダが39％（1975年），フランスが13％（1978年），日本が7％（1978年）ほどである。国ごとの住宅市場の違いもあろうが，経済成長の速度や大都市の住宅事情を考慮すると，韓国の公共賃貸住宅事業が極端に出遅れたことは確かである。公共賃貸住宅事業を進めないままにどうやって低所得層の住宅問題を持ち堪えてきたのかがむしろ興味深い。

その答えは，バラック集落（インフォーマル居住地）にあった。バラック集落は，1960年代にソウル市を中心に拡大し，1980年代の初めにはソウル市の人口の1割を抱える空間となった。バラック集落が，都市の貧困層の主な受け皿となり，「インフォーマルな社会住宅」の役割を担ったのである。

だが，ソウル市内のバラック集落の住民

図表5-4 ソウル市内のバラック集落の分布とその変化

① 1950年代から1965年まで

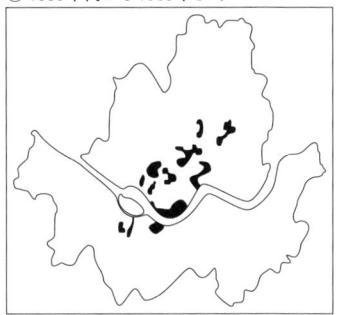

② 1971年から1982年

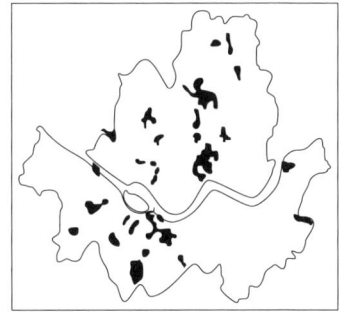

③ 2000年

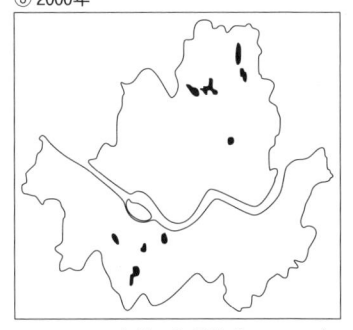

出所：金秀顯（2008，173）

5 韓国の住宅政策と居住福祉政策　57

は，1983年からの再開発事業で立ち退きを迫られた。1989年までに再開発事業が始まった地域は67地区，強制立ち退きの対象となった住民はおよそ15万名にのぼる。しかも，1980年代後半からの住宅価格および賃貸料の高騰で，低所得層の住宅事情は悪化の一途を辿った。1989年のはじめに賃貸料の高騰で生活が追いこまれた人びとの自殺が相次いだことで，ようやく政府も問題にとりかかった。

1989年に導入された永久賃貸住宅事業は[*1]，バラック集落の再開発に伴う代替措置，賃貸料の高騰に対する住宅セーフティネット，政治的正当性の危機に直面した政権の社会包摂戦略という様々な思惑を背景に始まった（李榮煥 1995；金秀顯 1996）。入居対象者は貧困層に限られ，建設目標も法律上の零細民の規模に合わせて設定された。

ところが，この事業は，25万戸という目標も果たされぬまま，1993年に中断された。住宅価格の安定を受けて，財政問題を理由に，19万戸の建設で中断されたのである。これに代わり，生活保護の対象者よりも上位の階層を対象とする住宅を5年間で10万戸（「50年賃貸住宅」という）建設する代案が示されたが，政策の後退であるとの批判は免れなかった。公共賃貸住宅事業が本格化するのは2000年代以降である。

III 遅れて始まった居住福祉政策

金大中政権——公共賃貸住宅政策を再開

1989年に始まった永久賃貸住宅事業が1993年に中断されて以降，韓国の公共賃貸住宅事業は足踏み状態にあった。永久賃貸住宅も，生活保護の受給者や障がい者などの困窮層のみを対象とした住宅であったため，バラック集落と内実は同じだった。

このようななか，1997年12月の大統領選挙に出馬した金大中候補は，在任中に公共賃貸住宅（「国民賃貸住宅」という）を20万戸建設する旨の政権公約を掲げた。公共賃貸住宅事業の再開を約束したのである。しかし，金大中大統領の任期はアジア通貨危機と重なってしまったため，この目標は5万戸へ修正された。深刻な経済状況と財政難に直面したため，公約の履行は困難となり，1998

年に始まった公共賃貸住宅の初年度の建設は2,500戸にとどまることとなった。

しかし，景気の回復につれて，不動産価格，特に傳貰価格が2001年の初めに高騰したことを受け，金大中政権は同年8月に公共賃貸住宅建設の目標値を20万戸へと引き戻した。2002年にはこれを大幅に吊り上げ，10年間で100万戸という目標を掲げた。金大中大統領の在任中に着工した公共賃貸住宅は12万戸であり，当初の公約には届かなかったが，放置されていた公共賃貸住宅事業が再び動き出す大きなきっかけとなった。

盧武鉉政権――公共賃貸住宅を大幅に拡大

盧武鉉政権は，発足直後の2003年5月に「居住福祉ロードマップ」を策定し，任期中の50万戸建設（年間10万戸の建設）を再強調した。さらに，同年9月には，公共賃貸住宅（国民賃貸住宅）の100万戸とは別に，賃貸期間10年の長期賃貸住宅を50万戸建設することを決め，合計150万戸の賃貸住宅を供給する計画を発表した。また，盧武鉉政権は，推進計画の実効性を高めるため，公共賃貸住宅の建設に必要な費用を確保する工夫もみせた。

このように，公共賃貸住宅事業は2003年に本格化し，年間10万戸のペースで供給が続いた（図表5-6）。公共賃貸住宅の入居者数は，金大中政権の発足当時には全人口の1.5％ほどであったが，盧武鉉政権が任期を満了するころには3％にまで増えた。なお，公共賃貸住宅の建設および入居には時間がかかるため，実際の成果はもっと大きい。盧武鉉大統領の在任中に着工して後に完成した公共賃貸住宅の数まで含めると，この時期に全人口の約5％が入居できる分の公共賃貸住宅が建設されたのである。

これと並行して，盧武鉉政権は公共賃貸住宅を多様化させる取り組みをみせた。既存の小規模集合住宅を借り上げて賃貸住宅として提供する「借り上げ賃貸住宅」事業を進め，2003年10月にモデル事業に着手して以降，2008年までに2万6,000戸を供給している。借り上げ賃貸住宅事業は，社会統合の観点からも，専門家に高い評価を受けている（李・具 2008）。また，当時の大韓住宅公社（現・LH公社）では，少年少女が世帯主となっている世帯のために，既存の住宅を傳貰で借り上げて安価な家賃で賃貸する「傳貰賃貸住宅」を提供している。このほか，シェルターから自立しようとするホームレスや，チョッパン

図表 5-5　盧武鉉政権の居住福祉ロードマップ

〈階　層〉	〈特　徴〉	〈支援の方向〉
貧困層（所得第 1 分位）	賃貸料の支払いが困難	・住宅給付の段階的調整 ・賃貸料（傳貰または月払い）を支援 ・小規模国民賃貸住宅を供給
低所得層（所得第 2～3 分位）	住宅の購入が困難	・老朽化した住居を修繕，改築 ・国民賃貸住宅を 50 万戸供給 ・賃貸料（傳貰または月払い）を支援
中間層（所得第 5～6 分位）	支援があれば住宅の購入が可能	・小型分譲住宅の供給 ・住宅融資の拡大
上位層（所得第 7～10 分位）	住宅の購入が可能	・市場での解決

出所：建設交通部（2003）

（無許可の宿泊施設）の居住者に「借り上げ賃貸住宅」を提供する取り組みもあらわれた。

　そして，盧武鉉政権の後半期には，公共賃貸住宅の供給量が一定水準に達した場合には賃貸料の補助制度を導入するという計画にそって，住宅バウチャー制度の検討も進められた。

李明博政権——持ち家推進に重点

　2008 年に発足した李明博政権は持ち家の推進に力を入れた。公共賃貸住宅の建設を抑え，安価な分譲住宅の供給を増やすこととした。しかし，金融危機の影響で住宅市場が落ち込んだことから，持ち家の推進はうまく行かなかった。そのうえ，民間の賃貸料が上がったため，庶民の住宅事情が厳しくなった。李明博政権の後半期には公共賃貸住宅を提供する構想が復活したが，LH 公社の負債が膨らんだことなどを理由に，この時期の供給量はわずかにとどまった。

朴槿恵政権——居住福祉プログラムの再始動

　2013 年に発足した朴槿恵政権は，李明博政権と同じ保守政党を母体とした政権だが，居住福祉政策においては盧武鉉政権の基調を受け継いでいる。公共賃

図表 5-6　公共賃貸住宅の建設の推移

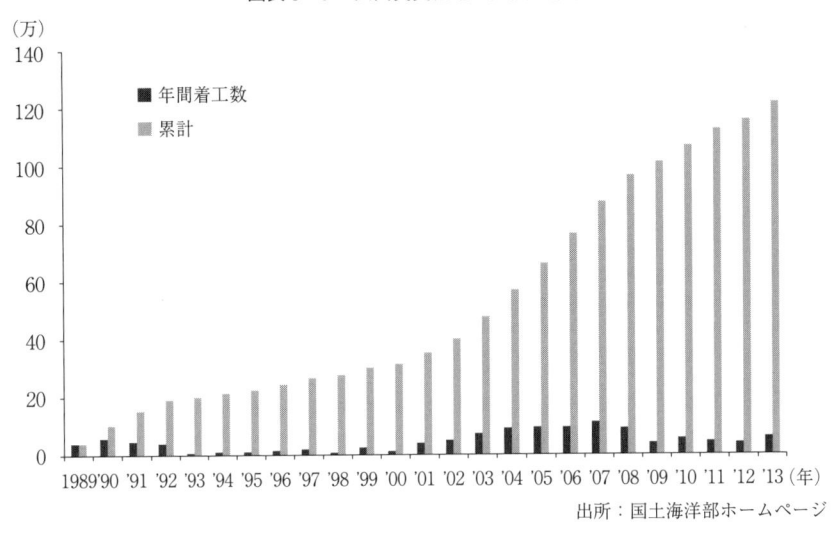

出所：国土海洋部ホームページ

貸住宅の建設目標を年間10万戸以上へと引き上げ，住宅の供給方式も増やしている。大学生やその他の若者を対象とした都心の小型公共賃貸住宅を積極的に供給する計画も掲げている。2015年現在の時点で建設中のものまで含めると，公共賃貸住宅は全世帯の約7％に供給できるまでに増えた。2015年に入り，「国民基礎生活保障制度」の住宅給付の給付対象と給付額も拡大された。盧武鉉政権のときから検討されてきた政策が，朴槿恵政権に入って実現したのである。

朴槿恵政権が盧武鉉政権当時の水準にまで居住福祉政策を強化したのは，国民の住宅事情が深刻だからである。低所得層と若年層の住宅問題が政治的に放置できない水準に達しているため，市場の活力を重視する保守政党でさえ，公共賃貸住宅の供給を拡大するほかないのである。

Ⅳ　先が遠い居住福祉

住宅市場の安定と居住福祉は不可分

韓国では居住福祉を実感できない。公共賃貸住宅や居住福祉プログラムが不

足しているからではない。住宅価格と賃貸料が高く，それが周期的に高騰する不安があるからである。事実，金大中政権や盧武鉉政権の功績が認められないのは，その期間に価格が高騰したからである。庶民は狭い意味での居住福祉政策よりも安定した住宅市場を望んでいるといえよう。

韓国では住宅市場を安定させて住宅価格を下げることが重要となる。そのためには，安価な住宅を十分に供給せねばならず，価格の高騰を防ぐためにマクロやミクロの両面から政策の管理を続けなければならない。

精巧化が求められる公共賃貸住宅事業

居住福祉の核心といえる公共賃貸住宅事業は，盧武鉉政権の基調を維持するべきである。少なくとも，公共賃貸住宅の入居世帯数が総世帯数の10％に達するまでは，供給量を落とすべきではない。現在のように不動産市場が落ち込んでも，福祉としてだけでなく最も副作用の少ない景気浮揚策と考えて，供給し続けるべきである。

しかし，公共賃貸住宅の供給は，たとえ目標が達成されても，それが成果に直結するとは限らない。これまでの公共賃貸住宅は，その努力にもかかわらず，「必要なところに必要な方式」で提供されていなかった。今後は，立地，タイプ，賃貸料，入居資格を，多様化かつ差別化していくべきである。こうした工夫がなければ，量的な目標のみを達成しても，望んだ結果を得られまい。立地については賃貸住宅への需要の多い大都市やその近隣地域をターゲットとすべきであり，このためには都心の駅周辺の開発・再開発事業においても一定量の賃貸住宅を確保する配慮が必要である。

また，入居対象者を多様化させる工夫が必要である。基本的な建設費用を基準として賃貸料を算定する現行方式を，入居対象者の費用負担能力を考慮して算定する方式に変えるべきである。様々な階層の人びとが混在する賃貸住宅となるように制度を設計し，地域社会の活性化に配慮することも大切である。このためにも，体系的な福祉サービス，特に自立支援サービスを拡充しつつ，住民が賃貸住宅の管理に参加できるようなモデルを発掘・拡散することが求められる。

民間賃貸住宅の制度化が必要

　韓国社会では，持ち家を最も望ましい居住の選択肢と考える風潮がある。そして，その次に好ましい選択肢と考えられているのが公共賃貸住宅である。民間賃貸住宅は，不安定で賃貸料も高騰するので，できるだけ避けるべきとされている。韓国では，持ち家を促進すべきというのが国民の合意となっている。とはいえ，韓国の持家率はすでに6割を超えている。日本の持家率が1968年から6割前後にとどまっていることを考えると，韓国もこれ以上の伸びを期待するのはむずかしいかもしれない。

　むしろ韓国に必要なのは，民間賃貸住宅でも安心して生活できるよう，条件を整えることである。賃貸借制度を総合的に整備するのである。賃貸用の住宅は例外なく登録するよう徹底し，自動契約更新制度の導入や賃貸料引き上げの上限設定を検討しなければならない。これを通じて，民間賃貸住宅の供給者が，複数の住宅を所有する投機家でなく，社会的役割を担う主体となるようはたらきかけるのである。2008年の世界的な金融危機以降，各国の住宅政策専門家は，持家促進に傾倒した10年余りを反省し，賃貸住宅の重要性を強調し続けている。雇用不安の高まりと流動性の増加に伴い，安定した民間賃貸住宅市場が最も効果的な対案となっているのである。

　また，賃貸料の補助を実質的なものにすべきである。2015年7月の住宅給付制度拡大に伴い約70万世帯が少額の補助を受けているが，民間賃貸住宅で生活する低所得層への補助が実質化するためには，受給対象の更なる拡大と給付水準の更なる引き上げが必要である。

野宿者などへの住宅支援および自立支援

　アジア通貨危機による経済不況を契機に急増した野宿者は，この数年間，4,000～5,000名ほどで横ばいとなっている。チョッパンなどで不安定な生活を続ける人びとはおよそ8,000名にのぼる。考試院（レンタル学習施設），漫画喫茶，サウナに寝泊まりする人びとについては，その規模すら把握できていない。その多くがシェルター，チョッパン，路上を転々としているからである。

　そうした人びとが望んでいるのは，仕事だけではなく，低い費用で利用できる「住まい」である。様々な困難を抱えつつも，独立した生活を望んでいるの

である。シェルターは自立の意欲を下げる結果をもたらす。依存した状態に落ち着きやすいためである。なので，海外の事例からも明らかなように，単身世帯用の安い賃貸住宅が必要である。立派な公共賃貸住宅である必要はない。ただ，都心で独立した生活を営めるだけの部屋があればよいのである。従来のチョッパンやワンルームを利用できるよう，バウチャー制度の導入を積極的に検討すべきである。ホームレス状態となるリスクの高い女性に対しては，低額の宿泊施設をシェルターとして活用することも有用である。

10年先を見据える居住福祉のロードマップ

　結論に先立ち，韓国の居住福祉政策の展開過程を振り返ろう。1970年代や1980年代には，政府の公式的な居住福祉事業がないに等しかった。ただ，インフォーマルなバラック集落を黙認していたため，貧困層の行き場はあった。1980年代の後半に入ると，再開発事業が本格化し，賃貸料が高騰した。行き場をなくした人びとの自殺が相次いだことで，永久賃貸住宅の建設が進められることとなった。このとき，初めて近代的な居住福祉政策が始まったのである。しかし，永久賃貸住宅の建設は住宅価格の沈静化とともに中断され，しばらくはこれといったプログラムもない状態が続いた。

　アジア通貨危機による経済不況を契機に庶民の住宅問題に注目が集まり，金大中政権が公共賃貸住宅の建設に着手して以降，盧武鉉政権では年間10万戸のペースで建設が続いた。李明博政権に入ると建設の勢いはいったん衰えたが，朴槿恵政権に入って再び盧武鉉政権当時の建設目標およびプログラムが復活した。この勢いが続けば，公共賃貸住宅の入居世帯数が総世帯数の1割に達する日も遠くはないだろう。韓国の居住福祉政策は今，重要な曲がり角に立っている。住宅の絶対的な不足が克服され，公共賃貸住宅というセーフティネットもかなり整えられてきた。

　今後は，居住福祉政策のパラダイム変化に備えなければならない。公共賃貸住宅の量的な目標でなく，「必要な所を適切な負担で利用できるように」制度を整えなければならない。公共賃貸住宅事業の基調を「量から質へと転換」すべき段階にきたのである。賃貸料の補助を通じて，民間賃貸住宅の入居者に対する公的支援も始まっている。今後は行政中心で住宅確保を進めるアプローチ

から，市場の機能と調和するアプローチへと方向転換が行われるだろう。この過程を通じて，政策が行き渡らない部分を減らしていかなければならない。

*1 それ以前にも長期賃貸住宅という名称の賃貸住宅は存在したが，これは5年後には分譲（売却）する方式であったため，国際的な基準からみても公共賃貸住宅とはいえない。本章における公共賃貸住宅は，公的機関が所有する，賃貸専用で供給される住宅を指す。韓国政府の統計には5～10年後に売却される住宅も含まれているため，数値に違いがある。

*2 訳者注：不動産の所有者に一定の金額を預けてその不動産を一定期間借りる賃貸方式。不動産を返すときに預けた金額は全額返還される。

▼参考文献（韓国語文献）
金秀顯（1996）『韓国の公共賃貸住宅政策の展開過程』ソウル大学校博士学位論文
金秀顯（2008）『住宅政策の原則と争点』ハンウルアカデミー
金惠承（2007）『最低住居基準を活用した2006年住居福祉需要推定研究』国土研究院
建設交通部（2003）『低所得層のための住居福祉支援方案』（国政課題報告会資料）
李柱林＝具滋勳（2008）「多世帯借り上げ賃貸住宅に対する周辺地域の住民認識および傳貰価格の影響分析」大韓国土・都市計画学会『国土計画』第43巻第1号
李榮煥（1995）『永久賃貸住宅の政策決定過程』（ソウル大学校博士学位論文）
両極化・民生対策委員会（2007）『参与政府の住居福祉政策の評価と課題』

6 韓国の移民政策と在韓華僑[*1]

川本 綾

I 在韓華僑の歴史

華僑の集住地，仁川(インチョン)

　ソウル中心部から電車に揺られること1時間余り，地下鉄一号線の終着駅，仁川に到着する。平日は閑散としているこの駅も，週末ともなると多くの家族連れや観光客で賑わう。観光客の目的は，駅からほど近い所にある「チャイナタウン」だ。この町の一番の目玉は，「ジャジャンミョン（ジャージャー麺）」。独特の色合いをもつこの韓国風中華麺は，19世紀末に海を渡ってやってきた清国人とその末裔が，朝鮮半島の人びとの好みに合わせて故郷山東省の料理をアレンジし，販売したものだ。いまや韓国の国民食ともいわれ，老若男女に親しまれる味である。この作り手でもある華僑は，韓国における移民の嚆矢であるが，長年にわたる華僑排除政策のために財産や土地を失い，また反共政策のもとで厳しい差別にさらされてきた歴史をもつ。それは，「世界で唯一チャイナタウンがない国」と揶揄されるほどであり，あまりの生きづらさに第三国へ再移民した華僑も少なくない。また，韓国に残った華僑も100年を超す定住の歴史のなかで，帰化や韓国人との通婚が増え，年々その数は減る一方である。現在約2万人いるといわれる華僑は，主にソウルや仁川，釜山等の都市部に居住している。

　しかし，2000年代に入り，韓国内で「多文化」政策とも呼ばれる移民統合政策が展開する。また，地域再生あるいは活性化という大きな課題を抱えた地方自治体で華僑のもつネットワークや文化的背景が資源として発見され，仁川では「仁川チャイナタウン」構想が，国や地方自治体を巻き込んで急速に進められていった。時に華僑の思いを置き去りにしたまま進められたこの事業により，当事者も驚くほど街の様子は一変した。しかし，その賑やかさとは裏腹

に，華僑と行政の間にはいまだに深い断絶が横たわっている。この章では，韓国における唯一の旧来型移民である華僑に焦点をあて，政策的な歴史を振り返るとともに，近年行政主導によってエスニック・コミュニティが再構築された事例を紹介し，移民の地域社

写真6-1 「仁川チャイナタウン」入口の牌楼

出所：筆者撮影

会への包摂における，行政と移民当事者，あるいはコミュニティとの関係形成にかかわる課題について考察したい。

在韓華僑に関するこれまでの研究をみると，パク・ウンギョン（1986）が移住期から1980年代までの華僑の経済活動，教育，民族性，また台湾に再移住した華僑コミュニティについて発表したのが体系的な研究としては初めてである。日本では綛谷（1997）や李正熙（2012）らが，華僑の経済活動について研究を進め，王恩美（2008）は，華僑のアイデンティティ形成について明らかにした。また，仁川の華僑コミュニティの形成初期については，李玉蓮（2008）に詳しい。しかし，現在の韓国の移民政策における華僑の位置づけや，それらに対する華僑当事者側の意向については，ほとんど扱われていない。本研究にあたっては，できるだけ華僑当事者の声を汲み取ることを心がけて調査を進めた。

本研究にあたり，2011年11月から2015年5月にかけて筆者が6回訪韓し，仁川市「チャイナタウン」関連業務担当官2名，仁川華僑研究者3名，仁川華僑11名を対象に質的調査を実施した。華僑への調査にはライフヒストリー法を使用し，20代から90代まで，仁川チャイナタウンに居住しているか就労している華僑（男性7名（うち第一世代1名，第二世代3名，第三世代3名），女性4名（うち第一世代1名，第二世代2名，第三世代1名））から話を聞いた。

華僑の定住の歴史

韓国では，外国人労働者の増加が顕著となる1980年代まで，「外国人」といえば19世紀末に清国より海を渡り朝鮮半島に根をおろした中国人を祖先にも

つ，華僑を指していた。したがって，1980年代以前の外国人政策は，主にその対象が華僑であった。

　1876年に「日朝修好条規（丙子修好条約）」を締結し，強制的に朝鮮を開国させた日本は，1876年に釜山，1880年に元山（ウォンサン），1883年に仁川を相次いで開港させ，朝鮮の市場を独占していく。一方，清国は1882年6月に起こった朝鮮国内の内乱を期に軍事介入を行い，軍隊を派遣した。その際に同行した清国商人30数名が在韓華僑の起源であるといわれている。同年8月には「清朝商民水陸貿易章程」を締結し，本格的に清国の商人が朝鮮に進出した。その後1884年には「仁川口華商地界章程」が結ばれ，仁川に清国の租界地がつくられた。清国人は，日本の勢力を牽制する清国の庇護と支援のもと，釜山，元山，ソウル，仁川を中心に商業活動を拡大していく。1920年ごろからは女性人口が徐々に増え，定着化が進行するものの[2]，日本による植民地時代には，日中戦争の勃発や華僑排斥運動等[3]により，華僑は政治・経済的に多くの打撃を受けた。その後，1950年に勃発した朝鮮戦争とその後の反共政策，厳しい華僑排除政策のなかで，「中国人」である華僑は社会・経済・政治的に韓国社会より排除されていく。また，1961年の「外国人土地法」では土地の所有が禁止され，土地を所有する場合は韓国人の妻や韓国人の友人，知り合い等に名義を借りなければならず，だまし取られたりして華僑が土地を失うケースもあったという。引き続き1968年の改定では，居住目的に限り1世代に1住宅，また明文化されていないものの内務部長官の許可により1店舗のみの所有が認められたが，住宅面積は200坪以下，店舗は50坪以下に制限された。また，取得した土地の賃貸は認められず，田畑や林野の所有も認められなかった。それらの規制により，商業活動は小規模とならざるをえず，華僑の経済活動は縮小していった。1970年代には独裁政権による再開発事業の影響を受け，ソウルで自然形成されていた集住地が解体していく[4]。そして1980年代には，華僑がそのほとんどを占めていた「外国人」模様も変化していった。

Ⅱ　韓国の「多文化」政策と「チャイナタウン」の造成

移民政策の展開と在韓華僑

　韓国では，1986年のアシアンゲームのソウル開催，1988年のソウルオリンピック開催を契機に，韓国人が嫌がる低賃金かつ危険な製造業の仕事に外国人労働者が入ってくるようになった。日本同様，公的には非熟練の外国人労働者の流入を認めてこなかった韓国では，この時期急増する超過滞在者にかかわる労働災害が社会問題化する。そんななか，1997年のアジア通貨危機の影響を受けてIMFの統制下に入った韓国は，海外からの投資を目的に規制緩和を進めていく。それに伴い，1998年には長年華僑の経済活動を抑制してきた外国人土地所有制限が解除された。また，2000年代に入ると農漁村の嫁不足に対応する形でアジア諸国からの国際結婚移住女性が急増し，その子どもたちを含めた社会統合が「多文化」の名のもとに政策的課題となっていく。2002年には初めて「永住資格」が新設され，2003年に大統領に就任した盧武鉉前大統領は，移民や外国人労働者に関する法制度を引き続き整備し，現在の韓国の「多文化」政策の基礎が完成した。2004年には雇用許可制を導入し，韓国は外国人労働者を受け入れる方向に大きく舵を切る。続いて制定された2006年の「居住外国人支援標準条例」，2007年の「在韓外国人処遇基本法」，2008年の「多文化家族支援法」の3つは，外国人住民に対する支援を目的としており，移民統合政策を積極的に推し進める政府の基本方針をあらわしている。2010年には，韓国人の配偶者と婚姻維持状態にあり，韓国に一定期間以上居住している国際結婚女性移住者等に重国籍が認められるようになった。ただ，これらは基本的に韓国の少子化対策の一環として進められているという背景があるため，国際結婚移住女性やその子どもたちを対象としている。華僑の積年の思いとは裏腹に，華僑は巧妙に，あるいは結果的に政策対象から外され，華僑第一世代の重国籍も認められなかった。インタビューを行った「漢城華僑協会」で勤務するK氏によると，当初華僑の第一世代にも重国籍が認められると聞いて期待していたのに，ふたを開けてみたら認められていなかった。韓国では永住資格を取得しても，様々な社会福祉サービスに国籍条件が付帯している。そのため，重国籍が

認められなかったことにより，たとえば高齢化する華僑第一世代は，韓国で働き，老いを迎えたにもかかわらず，障がい者に対する公的サービスすら依然として受けられないまま取り残されてしまうという。期待が大きかっただけに華僑にとってこの結果は失望が残るものだった。[*5]

そんななか，ソウル近郊の都市仁川で，華僑のもつ暮らしの基盤を観光資源として活用し，「チャイナタウン」をつくる計画が浮上する。

「仁川チャイナタウン」の造成初期の華僑の関与

2001年，仁川国際空港が開港し，仁川市が観光都市としての地場を固めようとするなか，韓国屈指の港湾都市，仁川市の中区北城洞（ブクソンドン），善隣洞（ソンリンドン），新浦洞（シンポドン）一帯が文化観光部により観光特区[*6]に指定された。この地域は，月尾島，清館通り，自由公園，新浦市場（シンポ）等，地域観光資源が幅広く位置する旧都心で，開国当時の仁川の歴史が色濃く残っている所である。しかし往時の繁栄は影をひそめ，地域の活性化または再生が望まれる地域となっていた。「チャイナタウン」造成の予定地とされたのは，1884年につくられた清国の租界地の跡地である。往時は4,000人の華僑が居住し，華僑コミュニティが形成されていたこの地も，1960年代からの政府による各種規制や就職差別等のため，多くの華僑が第三国へと再移民し，コミュニティは解体状態にあった。この「幽霊が出そうだった」とまで語られる荒廃した街で，「チャイナタウン」造成に向け，国と地方自治体，民間資本を巻き込んだ一大事業が始まる。イ・ヒョンシク（2001）によると，当時の仁川市中区の計画の核心は，商店街を中華風にリモデリングし，観光商品販売店を造成，誘致するところにあった。そして，その計画案をもとに，中華風の色鮮やかな装飾に彩られた街並みがつくられていく。しかし，この計画案のなかに，華僑自身の生活の営みや文化・歴史，街とのかかわりを紹介したり，華僑の積極的な参与を促すような仕掛けはまったくといってよいほどみられなかった。現在「チャイナタウン」内でいくつもの中華料理店やカフェ等を経営する，前チャイナタウンブランド推進委員会代表S氏は，「チャイナタウン」を運営する中区や韓国の「多文化」政策について次のように述べて批判した。

韓国の「チャイナタウン」は，例えば仁川市の担当官がお昼を食べてコーヒーを飲みながら，「そうだ！チャイナタウンにトイレがないから，トイレを作ろう！」といってトイレを一つ作るようなところです。住民が必要としているのかどうかとは関係なく。それが韓国の「多文化」です。「チャイナタウン」を作る時，形式的には委員会に華僑が参加したりもしましたが，実質的には影響力を持てませんでした。
　多文化政策について行政は，［外国人は］言語を知らない，文化を知らないと言いますが，「あなたは韓国人ですが，韓国語と韓国文化を全部知っていますか，知っているというのならその境界はどこですか」と聞きたいです。受け入れないということは対外的にできないから，受け入れるけれども，その代わり「多文化」と名付け，よくしているふりをする。よくしてくれるとむしろ私は苦しいのです。私もこの土地で暮らしてきたから，何か特別なことをしてくれなくてもいい。ただ普通に，隣人として過ごしてくれたら楽なのです。韓国人にするようにしてくれたらそれで満足なのに，いつも患者として扱う。どこも痛くないのにいつも薬をくれようとする。しかも，お腹が痛いのに，いつも頭痛薬ばかりくれようとします。韓国語？よく知っている。韓国文化？なぜ私がいつも必ず韓国文化を学ばなければならないのでしょうか。あなたが私を「家族」と考えるのならば，あなたも私の文化を学ばなければならないのに。「多文化」をしましょうというのなら，あなたも私の文化を学ぶ準備ができているのか，という話です。　　　　　　　（前チャイナタウンブランド推進委員会代表S氏）

一方，仁川市中区の「チャイナタウン」担当官に現在の「多文化」政策との関連性や造成の華僑側の関与について聞いたところ，次のように答えている。

　チャイナタウンは「多文化」政策の一環で行っていますが，華僑は既に定着しているので，「多文化」の範囲で見るのは難しいと考えています。チャイナタウンは華僑のためにあるのではなく，中区が観光客を誘致し，地域を活性化させるために実施している事業です。特区として指定された時も，今も華僑のために特別に行っている施策はありません。（造成）当時，華僑が「チャイナタウン」の造成を求めたり，積極的に参加したりというのは，ほとんどなかったとみてよいかと思います。区が中心となっ

て，職員たちが奔走して推進してきたようなものです。（華僑と行政側との意見の相違や葛藤は）造成初期に少しはあったにせよ，それほど大きなものはありませんでした。区がとても強く推進したので，華僑の方々もそれについてこられたといってよいでしょう。

（仁川市中区観光文化財課観光行政チームＡ氏）

　これらからは，「チャイナタウン」の造成が，華僑の暮らしや文化，経済活動に全面的に依拠しているにもかかわらず，行政の強力な主導により，華僑当事者との合意形成が十分でないまま，そして華僑の主体性は捨象されたまま進められた点，「チャイナタウン」内の中華風の異国情緒やイベントの発信が「多文化」政策の一環であることは意識しつつも，華僑自身がその対象とみなされ，尊重されることはなかった点が見て取れる。もちろん世代によって，立場によって「多文化」の範囲がどこかという点に関しては違いがあるだろうが，総じて華僑側の熱意に反して行政側の意識は低いように思われる。この華僑側と行政側の意識のずれおよびねじれは，2007年に仁川市中区の要請で，北城洞，善隣洞，港洞一帯の114,136㎡が産業資源部により「チャイナタウン地域特区」に指定され，さらに再開発が進んだ後にも両者間に禍根を残すこととなった。

華僑の暮らしや文化はだれのもの？

　2011年時点で，「仁川チャイナタウン」には政府，仁川市，仁川市中区，民間資金あわせておよそ1,929億ウォン（およそ180億円）の財政が投与され，様々な事業が展開されていった。2012年に開館した「ジャージャー麺博物館」の設置もそのひとつである。現在の「チャイナタウン」内の観光資源がジャージャー麺をはじめとする飲食業に極端に偏り，近い将来，観光客の誘致に限界が訪れるであろうこと，また，観光コンテンツの拡充という意味でも，華僑の歴史や文化を展示できる仕掛けが必要であることは，華僑，行政両者の共通認識であった。そんななか，中区が，1912年の開業以来高級レストランとして名を馳せ，1983年に惜しまれつつも廃業した「共和春」の跡地および建物を買い上げてリフォームし，「ジャージャー麺博物館」を開館する。館内には，ジャージャー麺が韓国社会に広まり，特別な日の家族のごちそうとして，その後は庶

民の味として定着していった歴史や，配達，厨房の風景などが常設展示されている。だが，これは華僑側が求めていたものとは違った。前出のS氏同様，「チャイナタウン」内でレストランを数軒営み，華僑の代表組織である「仁川華僑協会」，「仁川華僑学校」の役員を歴任し，現在商店街組合の代表者でもあるT氏は，「ジャージャー麺博物館」について，華僑の歴史の一部分しか反映しておらず，華僑の豊かな文化・経済活動の軌跡が歪曲されていると述べ，下記のように批判する。

写真6-2　ジャージャー麺博物館内厨房の様子

出所：筆者撮影

　　この博物館はそれなりに歴史博物館の形をしていて，華僑にとってアイデンティティを維持し歴史を伝えるところとして，とても重要な意味を持っています。ところが実際には華僑の考えがあまり反映されていないとみるべきでしょう。「ジャージャー麺博物館」を作るのならば華僑が主体となって主導したり企画したりして作っていかなくてはならないのに，公務員やその周辺の，専門家ではない人たちが作りました。そう考えると，この博物館が本当は華僑のものなのか，誰のものなのかわからなくなります。華僑の歴史なので，［仁川］華僑協会と協議し，話し合いながら，ともに作ったら本当によかっただろうに，そんな過程が全くありませんでした。かなり最初の段階で，私が諮問をしました。「華僑歴史資料館」にして，その中に「ジャージャー麺博物館」を置いたらいいではないか，それが正しいといいましたが，聞き入れられませんでした。
　　　　　　　　　　　　　　（仁川チャイナタウン商街繁栄会代表T氏）

一方，それに対し行政側は，華僑の協力意識の低さを指摘する。

　　［華僑の生活史の展示などは］こちらにとっても非常にいいアイテムで

6　韓国の移民政策と在韓華僑　73

す。華僑生活史の展示，これをしたいのですが，実施となると華僑側に全面的に頼まなければならない状況です。私たちも何度か頼んだことがあり，努力してみたのですが，華僑協会では，とても，なんというのか…。華僑協会の中に清国領事館の会議庁があります。清の時代に作られたものが残っているんです。ここに華僑の生活史にかかわる遺物，文書，会議録などがたくさんあります。写真資料も。何度か展示をしたのですが，そのあと全部しまい込んでしまわれました。なんでしまい込んだのかと聞いたところ，史料がいたむのでということでした。万が一，こちらで［博物館のようなものを］つくるといったら貸与や寄贈していただけるのかと聞いたら，非常に頑なな感じで［拒否されま］した。　　　　　　　　　　（A氏）

　これをみる限り，両者の意見はまったくかみ合っていない。A氏は，華僑側が拒否する理由として「中区が全部史料を持って行ってしまう，奪われると考えている部分もあるかと思います。管理面でも信用していないのかもしれません」と述べていることを鑑みると，華僑側と行政側との間に「不信」という断絶が存在することが垣間みられる。また，あわせて総体的に華僑の「チャイナタウン」運営に対する消極性を指摘する。その理由として，「チャイナタウン」内で成功している一部の商店主を除き，大半は経営がうまくいっているとはいえず，街全体のことを考える余裕がないこと，そして華僑全体の特徴として，歴史的な抑圧と差別の歴史から，各個人の能力は高いものの，華僑が声を合わせて異議申し立てをする文化基盤が脆弱な点があるのではないかと推測している。なお，上記の語りに出てくる「華僑協会」とは，各地域ごとに存在する華僑組織で，現在は台湾代表部の下部組織として証明書や戸籍謄本の発行などの行政処理を請け負っている。また，華僑の地位向上のために政府各部署との交渉等も行っている華僑唯一の代表組織である。しかし，「チャイナタウン」に関しては，形式的に行政と華僑間をつなぐ窓口としては認識されているものの，実質的に華僑の意見を反映させるような影響力は有していないのが実情のようである。

　現在は観光客が集まっていても，長期的な視点でみた際に「チャイナタウン」の行く末について憂慮している点，両者間で十分な信頼関係が築けていないことを認識している点は，華僑側にも行政側にも共通している。ところが，

「多文化」政策の発展，地域再生の流れのなかで行政側は華僑の歴史や文化などに目をつけ，華僑自身の主体性やこれまでの歴史，不平等な関係性を鑑みることなく観光資源として消費しようとしてしまった。また華僑側も，不平等な関係性を解消し，主体性を確保したいものの，それを十分に主張できるだけの後ろ盾をもつことができなかった。両者の内部事情が，相互理解を阻害している。そしてその根本には，そもそも韓国社会と華僑間の相互理解，和解がまったく進んでいない状況のなかで造成計画を進め，十分な合意形成や協議を経ることなしに，当面の利益のみで手を組んだ点に問題があった。それは，なぜそこまで両者間に溝ができてしまったのかという質問に対し，次のように答えたS氏の見解に凝縮される。

　　私たち華僑は長い間見捨てられていた存在でした。もともと［韓国社会は］私たちに目もくれていなかったのです。ところが，いきなり私たちのところにきて，「酒でも飲もう」といってきたことを，何か変だと思う気持ちがありました。これまで韓国政府と華僑の間は全く通じ合っていませんでした。政府と華僑の間で通じ合うための準備が何もなされていませんでした。
　　　　　　　　　　　　　　　　　　　　　　　　　　　　　　（S氏）

おわりに

　本章では，韓国唯一の旧来型移民である在韓華僑をめぐる政策として，独裁政権による徹底的な排除政策のなかで，コミュニティが解体され，抑圧されてきた歴史を振り返った。そして2000年代には「多文化」政策の展開とともに，移民の法的・社会的権利の保障が進むが，華僑の積年の思いとは異なっていた点，すなわち少子化の解消という目的のもと，主な政策対象が国際結婚移住女性とその子どもたちであったため，華僑は意図的に，または結果として対象から外されてしまった点を確認した。そして地方自治体では，この「多文化」の流れと地域活性化という課題のなかで，華僑の経済的・歴史文化的資源が「発見」され，「チャイナタウン」造成計画が本格化する。しかし，華僑の暮らしや文化に全面的に依拠するこのプロジェクトのなかで華僑の主体性は排除さ

れ，観光客で賑わう街の様子とは裏腹に，華僑側と行政側間に深い溝が横たわっている。その原因として，「多文化」政策のなかで，新たに流入してくる移民の統合は積極的に語られるものの，そこから抜け落ちてしまった華僑と韓国社会との長年にわたる不平等な関係性や葛藤を省みる視点がそもそも存在しなかったことがあげられる。それに加え，「チャイナタウン」の造成にあたっても，初期段階から十分な合意形成過程を経ず，対話の通路さえ確保できないまま，行政が強引に事業を展開しようとした点がわかった。

「仁川チャイナタウン」の経験は，韓国のみならず，日本でも，すでに各地に存在するエスニック・コミュニティおよび移民の地域へと包摂を考慮する際，行政と当事者間の関係構築において重要な示唆点を有している。それは，①コミュニティの主体である移民とホスト社会間の歴史的経緯や関係性に対する十分な検証とラポールの形成，②当該コミュニティにおける移民当事者の主体性が守られる体制づくり，③エスニック資源の活用にあたっては，移民当事者の意向の尊重の3点に集約される。「仁川チャイナタウン」はまだ形成過程にあり，たとえば華僑内の世代交代などによっても，また新たな局面を迎えることが予測される。引き続き調査を続けていきたい。

* 1 本章は，既発表論文，川本（2013）をもとに大幅加筆したものである。
* 2 1906年には女性の人口比率がわずか3.5％にすぎなかったが，1930年には17.4％，1943年には32.8％にまで上昇している（鴎谷 1997, 6-11）。
* 3 1931年に中国東北部の長春郊外の万宝山で，中国国境付近に移住した朝鮮人農民と中国人が農水路をめぐって対立した。いわゆる「万宝山事件」である。1920年代後半から対中感情が悪化していた朝鮮国内では当事件について中国人側に不利な報道が意図的になされ，華僑に対する排斥運動が起きた。華僑の死亡者が127名，負傷者が393人にのぼったといわれており，多くの華僑が排斥運動を避けて本国へ帰国した（鴎谷 1997, 10-11）。
* 4 孫は，ソウル市中心部の小公洞で華僑が所有していた土地が再開発の圧力のなかで大資本に吸収された際，ソウル市の約束違反によって華僑，ひいては台湾政府との間に生じた不信や葛藤について詳細を報告している（2003, 134-158）。
* 5 王は，華僑を対象に出入国・土地取得・金融取引・学校教育等において韓国人と同様の権利を付与する法律案が国会に発議されたものの，時期尚早という理由で廃案とされ，代わりに「永住資格」が新設された経緯を分析している（2008, 459-461）。また，藤原によると，2009年11月の段階では，国内で外国籍を行使しないという誓約を行うことを条件に，韓国で出生しかつ父または母が韓国で出生した者（2世代にわたる国内出生者）または韓国で出生した後20年以上継続して住所がある国内長期居住外国人についても重国籍を認める方向で議論が進んでおり，華僑も国内長期居住外国人として重国籍の容認対象に入っていたが，兵役義務を履行しなくてもよいなど無条件で重国籍を認めるのは「時期尚

早」ということで華僑は除外されてしまったという(2010, 114-119)。
* 6　正式には月尾観光特区(ウォルミ)。観光特区とは，外国人観光客誘致促進などのために観光活動と関連した関係法令の適用が免除または緩和される地域を指す。2015年1月現在，13の地域で30か所が観光特区として指定されている。文化体育観光部HP内「観光特区指定状況2015.1.16」(http://www.mcst.go.kr/web/s_data/statistics/statView.jsp?pSeq=734&pMenuCD=0408010000&pCurrentPage=1&pTypeDept=&pSearchType=01&pSearchWord=%ED%8A%B9%EA%B5%AC，2015年11月29日アクセス)。

▼参考文献

李玉蓮(2008)『仁川華僑社会の形成と展開』仁川文化財団(韓国語)
李正熙(2012)『朝鮮華僑と近代東アジア』京都大学学術出版会
イ・ヒョンシク(2001)「仁川チャイナタウンの造成方向」仁川発展研究院・韓中交流センター『韓中交流センター研究報告書2011-04』(韓国語)
忽谷智雄(1997)「在韓華僑の形成過程――植民地朝鮮におけるエスニックマイノリティー」日本植民地研究会編『日本植民地研究』第9号，1-15
川本綾(2013)「韓国の多文化政策と在韓華僑――仁川チャイナタウン構想を事例に」移民政策学会編『移民政策研究』第5号，65-81
孫禎睦(2003)『ソウル激動の50年と私の証言――ソウル都市計画の話』ハンウル(韓国語)
パク・ウンギョン(1986)『韓国華僑の種族性』韓国研究院(韓国語)
藤原夏人(2010)「韓国の国籍法改定――限定的な重国籍の容認」国立国会図書館調査及び立法考査局編『外国の立法』第245号，113-139
王恩美(2008)『東アジア現代史のなかの韓国華僑――冷戦体制と「祖国」意識』三元社
国立国会図書館HP内「国立国会図書館デジタル化資料」
(http://www.ndl.go.jp/jp/data/publication/legis/pdf/024506.pdf#search='韓国の国籍法改定%20外国の立法'，2012年9月26日アクセス)

7 台湾の住宅政策と住宅問題
—— 台北市を中心として

黄 麗玲

I 台湾における国民住宅政策の発展過程

　第二次世界大戦後，シンガポールと香港は業務遂行効率の高い官僚制と国有地制度の条件下で大規模な公共住宅を建設し，社会面および政治面での安定を実現すると同時に労働力再生産のコストを低減することで経済発展を促した (Castells, Goh and Kwok 1990)。しかしながら，台湾の住宅発展はまったく異なる道程を辿ることになる。

　1950年代，台湾海峡両岸の軍事的緊張が高まる状況下において，国民党政府は国家予算の80％を国防に費やしたため (Gold 1986)，住宅に対する公共投資を行う余力が残されていなかった。そのため，戦後初期の住宅建設に重要な役割を担ったのはアメリカによる援助だった。1955年，行政院に「國民住宅興建委員會」(国民住宅建設委員会) が設置され，アメリカによる援助を利用して8,500戸の各種住宅が建設されたが，そのうち1,723戸は中央政府の「民意代表」(議員) と公務員の住宅にあてられた。1959年，同委員会は台湾省政府の管轄に改められたうえ，「國民住宅貸款條例」(国民住宅資金貸付条例) によって民間への資金貸付を通じ自発的な住宅建設やその代行を促したが，その財源はアメリカの援助に求められていた。1957年から1975年までの間に合計12万5,534戸の住宅が建てられたが，その内容は災害復興住宅，一般住宅および低所得者のための住宅，都市建設の過程で違法建築から退去を余儀なくされた居住者に提供された住宅，賃貸専用の低価格住宅，公務員および教員のための住居となっていた (台大土木研究所 1988)。

　このことから，戦後初期の公共住宅政策は国家の政策として総合的に計画されたものでも，ましてや積極的に考案された結果でもないことが明らかであろう。中央および地方の各レベルの政府機関は必要な経費を正式に予算化すらし

ておらず，アメリカの資金援助と顧問団こそが住宅政策を推進した主役だったのである。アメリカの目的は，当時の冷戦構造下の国際戦略を前提とした国民党政府による台湾の政治的・社会的安定の維持への援助にあった。当時の国民党政府はどちらかというと積極的に住宅市場へ介入を行ったが，その目的は政府機関への住宅の分配であり，具体的な例として政府組織や国営企業の宿舎，軍人の家族のための住居（眷村）に限られていた。そのため，都市化が急速に進むプロセスにおいて，むしろ民間主体の市場が住宅の供給源となっていたのである。政府は住宅ローンへの補助を通じ持ち家の購入を奨励し，市場による住宅供給をその政策の基本的な方針として位置づけていた。同時に，政府により建設された国民住宅の多くは売却されたため，賃借タイプの国民住宅は極端に減少し，社会的弱者に対する配慮をいっそう欠く結果が生じてしまった。

　1970年代半ばになると，このような後ろ向きの住宅政策は一気に変化することになる。世界的な経済危機による物価高騰，とりわけ住宅の価格が跳ね上がり，住宅問題が都市における問題として認識されるようになった。同時期，国民党政府は国連脱退による国際社会での孤立という政治危機に直面しており，民心の動揺を抑え，政治的な正当性を確立する必要に迫られていた（王振寰 1996）。1975年，国民党政府は「六年經建計畫」（経済建設六年計画）を策定し，台湾の経済発展に重心をおく方針を固めた。この計画には「國民住宅六年興建計畫」（国民住宅建設六年計画）が含まれており，政府は「國民住宅條例」を制定，「新鎮」（ニュータウン）開発による国民住宅の増加を主軸と位置づけ，毎年最低2万戸の建設を実施のうえ，1974年から1981年までの間に全国で10万8,000戸を供給する目標が掲げられた（張 1981）。1979年になると，国民住宅の建設は「十二大建設」のひとつ，「十年國民計畫」（国民住宅十年計画）の一部に発展的に組み込まれた。以上の政策により，国民党政府は積極的に住宅市場へ介入する決意を表明したのである。しかしながら，この急ごしらえの計画は，実施段階に至って多くの問題を噴出させた。すなわち，組織の不健全さ，人材と資金の不十分さ，土地取得の困難さなどの問題に直面した結果，この計画は次第に停滞することになったのである。「國民住宅六年興建計畫」の計画最終年度とされた1981年までに建設された国民住宅は7万2,532戸，当初計画の67.83％にとどまっている。立地条件の悪さ，建設コストの上昇，ローン限度

額などの制約に加え，第2次石油危機の影響で住宅市場が冷え込んだため，国民住宅が埋まらない状況に陥ってしまったのである。1982年以降，国民党政府は国民住宅の建設を依然として継続するものの，事実上，民間による住宅建設の推進を主体とし，国による建設を補助とする政策への転換を図ることになる（台大土木研究所 1988）。

　この時期の国民住宅は完成度が低かったのみならず，管轄機関が積極的に管理責任を負わなかったため，国民住宅の売却や二重貸しがなし崩し的に認められてしまった。1977年の調査によると，国民住宅で二重貸しが行われている比率は平均49.4％にものぼっていたことが明らかにされている。その一方，国民住宅の居住者は中所得者が82.36％と大部分を占め，実際の低所得者は少数になっており（張 1981），国民住宅政策が本来それを必要としている層に対して何らサービスを提供できていなかったことが示されている。

　1990年代に入ってからも国民住宅政策は継続された。1991年，行政院経済建設委員会が「國建六年計畫」（国家建設六年計画）のなかで「廣建國民住宅計畫」（国民住宅拡大建設計画）を策定，淡海（新北市淡水区）や高雄の「新鎮」（ニュータウン）開発や14か所の新たな社区（住宅コミュニティ）の建設計画を打ち出し，政府は再び大規模な国民住宅の建設計画を始動させた。しかしこの時期，台湾ではすでに政府による規制緩和，市場メカニズムに委ねる政策へと舵を切っていたが，これはある面において政府と不動産業界との関係がさらに密接化したがゆえでもあった。地方派閥と大資本が手を結んで開発会社を設立し，地方政府による都市計画に圧力をかけることで土地への投機を激化させた（陳 1995）。1987年の戒厳令撤廃後の政治的変革のなか，地方派閥による政経癒着の影響は立法院にまで及び，不動産業を「牽引役産業」とすべく設定された税制上および土地に関する優遇政策により不動産の市場化が加速し，土地への投機が過熱した（王 1996）。その一方，台湾ではすでに国民住宅政策の実施面での課題を経験していたことから，国民住宅の建設は必ずしも政府により直接行われる必要がないとする社会的なコンセンサスが生まれてきた。そのため，1990年から2001年にかけては政府が直接建設する方式と民間投資による建設を推進する方式とがおおむね半々の比重を占めるようになった（陳・黎 2010）。この時期のもうひとつの特徴として，国民住宅が社会一般の低所得者のためで

はなく，眷村（軍人の眷属が居住するコミュニティ）が主な対象とされたことがあげられる。1996年以降，眷村の改築方法は，それまでの地方政府が直接行う方法に代わり民間資本の投資を奨励して民間へ改築事業を委託のうえ入札により売り出す方式が，増加してきた。このような民間委託方式ゆえ，また完成した住宅の多くが入札方式で売り出されたことから，眷村の改築は国有地が私有化される特殊な過程を生み出したのである。

　その一方，住宅供給の市場化が進み，政府の公共住宅政策が機能しない状態に陥る状況となり，1990年代前半にはすでに，公共住宅か民間により提供された住宅かを問わず大量の空家が発生する現象が生じていた。1990年の台北市の空家率は9.4％，台北県（現新北市）は16.7％，台湾全体では13.29％にのぼっている。そのため，政府は一時的に国民住宅の建設を抑制のうえ，住宅ローンへの補助を通して住宅購入を奨励し空家を減らす方針へ転換するよう多くの学者により提言された（張 1995）。たとえば，1993年から1998年にかけて，8万7,090戸が内政部の補助制度によるローン優遇措置，11万8千戸が労働委員会の労働者住宅補助制度による優遇措置を受けたため，合計で20万戸を超す家庭が恩恵に浴することができた。これは同時期の国民住宅の建設戸数を上回るため，住宅ローンへの補助が住宅政策の主流となったことを示している（陳・黎 2010）。

　1999年，国民党政府は国民住宅の建設停止を正式に表明した。同時に，住宅に対する補助については，ローンへの補助以外にも家賃や修繕費に対する補助など，補助対象を徐々に拡大していくことになった。2007年に制定された「整合住宅補貼資源實施法方案」（包括的住宅補助実施法）はその産物のひとつである。この法律は労働者・原住民・公務員・教員・農業従事者へのローンを対象としており，家庭所得の水準や社会的弱者のおかれている状況に応じて家賃や住宅ローンの利息，修繕のためのローンの利息を補助することが定められている。しかしながら，住宅ローンそのものに対する補助に比べ，その他の項目に対する補助は不足しているといわざるをえない。たとえば，家賃に対する補助は1戸あたり毎月NT3,000元（約1万1,000円）が上限とされており，なおかつ期間は1年に限られている（陳・黎 2010）。したがって，住宅補助は依然として持ち家購入に主眼がおかれている。この時期，国民住宅建設に関する政府機

関は次々と廃止あるいは合併に追い込まれている．たとえば，台北市政府の国民住宅局は2004年3月，正式に廃止のうえ，「都市更新處」（都市再生部）へと改編され，「都市發展局」の下部組織として再編成された．台北市の「都市更新處」は引き続き国民住宅やその用地の賃貸についての業務を担当しているものの，主たる業務は民間の開発業者や不動産業者が主体となる都市再開発関係となっている．

　以上の台湾における国民住宅政策の変遷を整理すると，次のように要約できよう．戦後初期の発展において，国による民生部門への公共投資はきわめて少なく，発展途上国にみられる「先進国依存型発展」の特徴があらわれている（Gold 1986）．1950年代から70年代にかけて進められた国民住宅政策は主として冷戦構造を背景としたアメリカによる援助の影響を強く受けていた．社会の安定が考慮された結果，まず主として政府機関で働く公務員や教員の住宅が建設され，次に中所得者に対して門戸が開かれたが，建設された国民住宅の絶対的な数量が不足していたのみならず，低所得者および中所得者を対象とする国民住宅そのものがごくわずかであった．国民住宅が絶対的に不足していたという事実は，当時の国民住宅政策があくまでも象徴にすぎなかったことを如実に示している．国民党政府は厳格に国民住宅を管理し公共資源を投じるという姿勢をみせなかったため，やがて国民住宅の二重貸しや転売といった現象が多発するようになり，公共住宅の商品化が生じてしまったのである．1970年代半ばから80年代後半にかけて，国民党政府は国家規模で国民住宅政策の推進を試みたものの，その実施状況は芳しくなかった．国民住宅の対象は軍人，公務員，教員など一部の階層にすぎず，さらに建設方式が民間資本による建設投資の奨励へと徐々に変更していったため，それほど効果がみられなかった．1990年代以降，国民住宅政策は事実上放棄された．地方政府は民間資本により建設された物件を売り出す方式で国民住宅の建設を推進し，一方，国民党政府は低利子の住宅ローンを提供することで人びとに持ち家の購入を促した．1999年，国民党政府は正式に国民住宅業務の停止を表明したが，国防部による「眷村改建計畫」（眷村改築計画）のみ引き続き継続され，国民住宅の歴史上，きわめて特異な状況となっている．多くの国では公共住宅政策のなかで核心的な役割を果たしている公営賃貸住宅であるが，台湾の国民住宅の歴史においては非常に限ら

れた役割しか与えられなかった。2010年現在，台湾の公営賃貸住宅の住宅総数に占める割合は，全国で0.08％，台北市で0.64％，新北市（2010年12月の地方政府改編前の旧台北県に相当）で0.02％，高雄市（2010年12月の地方政府改編前の旧高雄市と旧高雄県に相当）で0.03％にすぎない。[*1]

II　台北市の住宅危機

「代替住宅」改築の困難

　1949年の国共内戦後，200万人近い「外省人」が国民党とともに台湾に渡ってきた結果，住宅の建設が喫緊の課題として浮上した。1959年，台湾中南部で八七水害が発生し，多くの被災者が家屋と仕事を失ったため，北上して台北都市圏に移住してきた。このような政治的移民，農村から都市への人口移動といった要因により，戦後初期の台北市には無数の違法建築が建ち並ぶこととなった。推計によると，1963年の台北市には約5万2千棟もの違法建築が存在し，その住民は全市の人口のおよそ28％にも達していたが，うち70％近くが戦後国民党とともに中国大陸からやってきた外省人だった（許 1987）。当時の国民党政府は，必要に迫られない限りおおむねこれらの違法建築を黙認する姿勢を取っていたが，1962年より台北市はアメリカによる資金援助を利用して違法建築の撤去と「代替住宅」の建設を推進する。その結果，台北市は1975年までに23か所，1万1,012戸の「代替住宅」を供給したが，大部分は台北市西部に建設された。そのうち最大の物件は現在でも目にすることができる萬華区の南機場住宅である（写真7-1）。これらの「代替住宅」は当初は賃貸方式の国民住宅とされたが，後に政府の管理業務簡素化のため所有権が住民に売却されてしまった。時間の経過とともに住民も入れ替わっているため，現在では所有権をめぐる調整が困難となっており，改築促進の阻害要因となっている。また，所得を増やすことに成功した一部の住民たちは徐々に別の場所へと移転していったため，現在このような住宅に住んでいるのは，低所得層である元来の住民のほか，後に入居してきた新たな住民である。住民の多くは外国籍の配偶者，独居老人，身体障がい者，低所得労働者など，都市における社会的弱者に分類される人びとである。国による社会福祉関連の資源が不足する状況におい

写真7-1　南機場住宅の現状

1階部分の所有権は転売され，南機場夜市の店舗となっている。その経営者の多くは地域住民ではない。
出所：筆者撮影

て，このような住民が貧困を脱するのは容易ではなく，また自力での居住空間改善も困難である。加えて，政府の予算が不十分なため，施設更新や改築が遅々として進まない状況にある。

公営賃貸住宅の極端な不足

　1968年，当時の総統蒋介石は社会の安定を目指し，「民主主義における社会政策とは，……都市の貧民住宅の建設を社会福祉政策の一部分とすることであり，その要旨は貧民の居住問題の解決にある」とする見解を発表した。1971年，台湾省による貧困撲滅のための「小康計画」，台北市による「安康計画」はともに「低価格」であることを六大作業要項のひとつとしてあげ，この計画に従い台北市は安康（1,024戸），福徳（504戸），福民（340戸），延吉（120戸）の各地域に低価格住宅を建設した。台北市の国民住宅のうち，これらの低価格住

宅が対象としていたのは最も所得の低い階層だった。低価格住宅は家賃と管理費を徴収する賃貸方式を採用し，8坪から14坪の大きさの住宅を生活保護受給世帯，低所得者，被災者，都市建設に伴う移転者，東南アジアから帰国した華僑等に提供したのである。

それ以外の例として，「大同之家」（60戸）が1972年に建設されたが，当初は陽明山管理局の管轄下におかれており，1981年に台北市政府社会局へと移管された。したがって，2009年以前において，台北市では5つの地域に合計2,048戸の低価格住宅が存在していた。しかしながら，これらの低価格住宅は戸数が不足していたのみならず，居住空間が狭隘なうえ，多くは立地が不便で，共有スペースも不十分，なおかつ補修すら十分に行われていないなど問題が山積みとなっていた。なお，台北市は2009年にBOT（Build, Operate, Transfer）方式によって租借期間50年，さらに20年の延長が可能な条件で，広慈博愛院と福徳低価格住宅の6.5haの土地を「広慈博愛園区」として再開発を行う計画を発表した。この計画により福徳低価格住宅が取り壊されたため，低価格住宅のうち1,544戸が減少している。同園区では2.9haが社会福祉施設に充当されるほか，敷地内に公園・緑地・オフィス・ホテル・ショッピングセンター・駐車場が設けられる計画となっている。このプロジェクトに対しては，政府が社会的弱者に福祉サービスと住宅を提供する責任を民間部門に押しつけているという批判の声もあがっている。

低価格住宅以外にも，台北市は過去に多少の賃貸型国民住宅を建設している。これらの国民住宅の入居対象は一般市民とされた。台北市民のうち，自宅を保有しておらず，低所得の基準に該当する収入以下の世帯（たとえば，2010年の基準によると世帯の年収がNT87万元以下），あるいは世帯1人あたりの平均年収が台北市の最近1年の平均消費支出1人分の80％に達していない世帯は国民住宅への申請が可能であり，その家賃は市価の半分程度となっている。しかしながら，台北市が保有している賃貸型国民住宅はわずか3,833戸にすぎず，とてもすべての需要を満たせてはいない。新聞報道によると，2010年4月現在，全台北市で賃貸型国民住宅の空家がわずか59戸であるのに対し，入居希望者は6,034人にのぼっている。ある低所得世帯は賃貸型国民住宅の入居待機をしているが，すでに「十年待っても入居できない」状況である。[*2] 財団法人国土規劃

及不動産資訊中心（財団法人国土計画および不動産情報センター，2010）の調査によると，台北市の住宅総供給量のうち，市民に対して提供される一般賃貸型国民住宅，低価格住宅および一時住宅の3種類の賃貸型国民住宅が占める割合はわずか0.6％（5,771戸）にすぎない。

転売された国民住宅の高級住宅化

　ある研究によると，過去に国民住宅の転売を解禁した結果，国民住宅の購入は2,300万台湾ドルの補助に相当する利益を生み出したものと試算されるため（林 1996），世間でいわれているように「国民住宅の購入資格を得るのは宝くじに当たったのと同じ」という現象が生じている。戦後初期の国民住宅が高級住宅に変貌した最も有名な例は，台湾大学の近く，大安森林公園の傍に建つ大安国民住宅であろう。この国民住宅はもともと低層建築の連なる眷村だったが，1984年に有名建築家が設計したポストモダン様式の新しい住宅に生まれ変わるや否や，たちまち都市エリート層の高級住宅地に変容してしまったのである。近年，土地柄のよさや公共施設に恵まれた都心部の国民住宅の価格は驚くべき高騰ぶりをみせている。2006年以降，台湾の三大都市圏（台北，高雄，台中）の国民住宅の価格上昇率は平均で20％から110％に達している。初期における国民住宅の改築は「都市更新条例」による再開発の成功事例とされているため，中古の国民住宅の取引価格を釣り上げる結果となっているのである。[3]

Ⅲ　住宅価格高騰と直近の住宅危機

　2010年の統計によると，台湾における所得上位層5％と所得下位層5％の貧富の差は，10年前の32倍から66倍にまで拡大している。[4] 対照的に，同年，政府は台湾の住宅保有率が88％に達したことを伝えている。この数値をみる限り，住宅問題はそれほど深刻ではないと受け止められることが多い。しかし，住宅問題の専門家である華昌宜は，そもそもこの統計は正確さを欠いており，実際には100戸のうち30戸は自宅を保有しておらず，残りの70戸で88戸分の住宅を保有しているのが政府の公開している「住宅保有率88％」の実態である，と指摘している。住宅を保有していない30戸のうち3分の1は極端な社会的弱者で

あると考えられ，もはや住宅保有の望みを捨てている。残りの3分の2は住宅保有に望みをつなぎつつも住宅価格のあまりの高騰に絶望している階層であり，その理不尽さに対する不満は最も激しい。反対に，2戸あるいはそれ以上の住宅を保有している上位10戸は，住宅価格高騰による資産価値増加の受益者となっている。[*5]注意が必要なのは，すでに自宅を保有している人びとの大多数は，同じように住宅価格の高騰による恩恵を受けながらも，同時に高額の住宅ローンを抱えているため，「屋奴」と呼ばれる状態に陥ってしまっている。台北市の住宅の実質価格はこの5年間で73％もの急速な上昇がみられたものの，同時期の同市内の平均所得の上昇幅はわずか1.2％にとどまっているため，不動産市場はすでに深刻なバブル状態に突入している（張・陳・楊 2010）。

現在の台北都市圏における住宅価格の極端な高止まりは，すでに住宅危機といってよい状況にある。2009年に発表された「平均年間所得に対する平均住宅価格の比率」（price and income ratio）は台北市で9.06，台北県（現新北市）で7.22だったが，2010年には台北市で11.5へと急激に上昇している。これは，台北市内の30坪の中古物件を手に入れるために，11年半の間，飲まず食わずの状態で辛抱しなければならないことを意味する。なお，高雄市において同数値は3.3であることから，台北市の不動産への投機が白熱している様子がうかがえよう。[*6]その一方で，台湾全国の空家率は20％に達しているが，台北市でも15％となっている。[*7]このことから，住宅価格は不動産市場における需給関係によってのみ決められるというよりは，投機によって大きく歪められていると考えられる。メディアの調査によると，住宅価格の高騰はすでに政府に対する市民の不満の首位を占めており，政府が何らかの方法で住宅価格の高騰を抑制するべきだという声が大きくなってきている。また多くの学者は，課税による不動産への投機抑制のほか，政府による賃貸住宅市場の拡大が住宅価格の問題を解決する道であると指摘している。

Ⅳ　住宅運動の再現と新たな論点としての「社会住宅」

1989年，住宅価格が急速に高騰するなか，その被害をこうむり「無殻蝸牛」（宿無しカタツムリ）になったと称する台北市民が集結し，学者や学生たちと

「無住屋團結組織」を結成して住民による住宅運動を展開した。2万人近い市民が当時地価の最高値が付けられた忠孝東路で夜通し抗議活動を行い，政府に対して不動産市場への介入を要求したのである。しかしながら，当時の政策は住宅購入ローンへの補助拡大に終始しており，この運動により提起された租税の公平性や土地利用の問題についてはいずれも黙殺された。近年の台北都市圏の住宅危機により，1989年の「無殻蝸牛運動（宿無しカタツムリ運動）」が再現しつつある。当時の「無殻蝸牛運動」を組織した「崔媽媽基金會」や「都市改革組織」（OURs）などの NPO 組織が住宅問題に対して積極路線をとり始め，2010年初頭に台湾の社会福祉団体を取りまとめて「社會住宅推動聯盟」（社會住宅推進連盟）を設立，共同で「社會住宅」（social housing）政策を推進している。加盟団体には，「臺灣少年權益與福利促進聯盟」（台湾青少年権益福利促進連盟），「伊甸社會福利基金會」（エデン社会福祉基金会），「老人福利推動聯盟」（老人福祉促進連盟），「社區居住聯盟」（地域居住連盟），「勵馨社會福利事業基金會」（励馨社会福祉事業基金会）等，身体障がい者・家庭内暴力の被害者・高齢者・若年者など社会的弱者の権利保護を主な訴えとする組織が名を連ねている。これらの団体は立法院（国会）に対して「住宅法」の早期制定を求める一方，台北市に対しても「住宅法自治條例」の制定を要求している。半年にわたる組織的活動の末，2010年末に実施された五大都市首長選挙では社会住宅が重要なテーマとして取り上げられるようになった。

　「社會住宅推動聯盟」は，社会住宅を社会福祉拡充のための公共投資と考え，政府が一義的にその建設を主導および推進する責任を負い，採算や収支均衡，民間投資の可否を主たる判断基準にすべきではないと主張している。同時に，政府は市場外での救済を主な役割とし，住宅市場から排除された経済的・社会的弱者に対して具体的かつ直接的に住宅補助を提供するべきだとしている。同連盟はまた，現行の賃貸型国民住宅の対象者や居住期間延長に関する規定は合理性を欠いており，社会的弱者の居住する権利を保障することができていないと指摘している。したがって，同連盟の主張する社会住宅案では，居住対象者の認定・家賃水準・居住期間延長などについて合理的な基準を確立することに重点がおかれている。社会住宅の建設については，権限や業務の集中を防ぎ，既存の社会福祉システムとの調整を図るため，第3の組織を設立するこ

とで恒常的な運営方式を確立し，現在の戸数不足や管理不備といった問題の解決が期待されている。さらに用地の確保については，同連盟は国有地の売却を停止したうえで，「公有非公用地」を優先して社会住宅建設のために利用することを提言している。また，学校や市場など公共施設の用地の利用・複合開発・再開発・土地用途変更など都市計画上の手法により生じた土地を社会住宅として還元することも考えられている。[*8]

　同連盟の参加者は，メディアや世論への呼びかけに加え，議会や立法院での演説を積極的に行ってきた。その結果，2010年9月までに中央政府と地方政府が相次いで社会住宅に対する方針を表明している。中央政府が提示している「合宜住宅政策」は，台北郊外の新北市に用地を確保したうえで若年者を対象とした住宅の建設を謳っている。しかしながら，この政策が発表されてから間もなく，本来の用地面積では必要戸数を満たすことができないことが明らかになったため，都心から離れた郊外へ建設予定地が変更されている。同時に，財政部国有財産局の国有地売却の入札のうち，台北市の3つの物件計3,265坪の土地に対して50年の地上権を設定する方式が初めて採用され，民間投資により学生宿舎や高齢者住宅を建設したうえで，市価の8割の家賃で提供する方針が発表された。さらに2010年末の地方首長選挙の1週間前には内政部により社会住宅の建設候補地として5地区が公示された。すべて台北市と新北市に位置し，うち2地区は眷村用地の転用，合計で1,600戸から1,800戸とされている。[*9] 2014年末の六大都市地方首長選挙では，社会住宅が各候補者の重要政策として取り上げられている。同年10月4日，国連の「世界ハビタット・デー」（10月7日）に呼応し，同連盟は「夜宿帝寶」（「帝寶」は台北市で地価が最も高いマンション）というイベントを実施している（写真7-2）。その際，①憲法に居住権を明記し，強制移転をなくす，②税制改革により土地および建物への投機を抑制する，③公有地に関する法令を検討のうえ，低価格住宅の建設を停止する，④社会住宅を全住宅の5％まで拡大し，専門の法人を設立する，⑤賃貸住宅の市場を拡大するとともに，法制を整備する，という5つの請願が提出された。

　2015年，新たに台北市長に就任した柯文哲は，4年で2万戸，8年で5万戸の公共住宅を建設する計画を発表した。この政策は，公的な賃貸住宅の充実を目標としたもので，台湾における住宅政策が新たな段階に入ったことを示して

写真 7-2　2014年「夜宿帝寶」イベント

出所：社會住宅推動聯盟提供

いる。台北市は，同年末に公共住宅を管理する会社を設立し，都市再開発計画と調整しつつ，公共住宅と地域の結びつきを強め，社会福祉施設充実・住環境改善・社会経済発展などの目的を達成することを意図している。たとえば，BOT方式の整備が決まっていた「広慈博愛園区」プロジェクトは，民間参画が撤回され，台北市が直接実施する方式に改められている。また，公共住宅に限らず，多様な福祉施設やビオトープを配置した公園の建設計画が立てられ，紹興南街の再開発計画に台湾大学が参画し，社会的弱者の居住権や経済問題の解決が期待されているなど，新たな動きがみられている。台北市の試みが，他の地方政府の住宅政策を決める指標としての役割をもっていることは疑いようのないことである。その一方，台北市は他の地方政府と連携し，中央政府に対して公共住宅建設のために国有地を無償で提供するよう要請している。

「社會住宅推動聯盟」の活動の結果，台湾の住宅政策は明らかに変化してきており，ローン補助により住宅保有を促す政策から社会的弱者の居住権を重視する政策へと方向転換が行われている最中である。それに伴い，土地公有や居住権といった課題も改めて検討されることになるだろう。中央政府は長らく住

宅問題に対して受動的な立場に終始してきたが，民間団体や地方政府からの強力な働きかけにより態度を変えざるをえなくなってきている。政府にとっても民間団体にとっても，一種の質的な転換を果たさなければならない時期に差しかかっているといえよう。すでに最初の一歩は踏み出した。今後，しばらくは議論と政策の試行錯誤が必要となろう。その結果として具体的な成果が得られて，初めて台湾は過去に累積してきた住宅問題の負債を解決できる糸口がつかめるのである。

* 1 「社會住宅推動聯盟」ウェブサイト（http://socialhousingtw.blogspot.com/）。
* 2 「北市 6 千無殼族，排隊等59戶國宅」（潘欣彤／台北報導），『中國時報』2010年 4 月22日。
* 3 「正義大樓都更，邀 SOGO 進駐」（梁任瑋／台北報導），『經濟日報』2010年 2 月 2 日。
* 4 行政院主計處，2010年 8 月資料。
* 5 華昌宜「揭開高住宅自有率的真相」，『中國時報』2010年 4 月 7 日。
* 6 「北市房價所得比，飆至11.5不吃不喝11年半才買得起屋，高市3.3倍相對幸福」（柯玥寧・蔡孟妤／台北報導），『蘋果日報』2010年 8 月24日。
* 7 張金鶚「NO！出租才能遏炒作」，『工商時報』2010年 9 月26日。
* 8 前掲注 1・「社會住宅推動聯盟」ウェブサイト，「社會住宅說帖」。
* 9 2010年11月15日，［李順德，何醒邦／台北報導］，「社會住宅擇定雙北市五處興建」。聯合報。

▼参考文献

王振寰（1996）『誰統治台灣？轉型中的國家機器與權力結構』巨流
台大土木研究所（1988）『台灣的住宅政策——「國民住宅計畫」之社會學分析』國立台灣大學土木工程研究所都市計劃研究室
林祖嘉（1996）『我國現有住宅資源補貼整合與運用之研究』經建會都市及住宅發展處
張世典（1981）『台灣地區國民住宅規劃設計之研究』行政院研考會
張金鶚＝陳明吉＝楊智元（2010）『台北市房價泡沫之再驗』政治大學台灣房地產研究中心
許坤榮（1987）『台北邊緣地區住宅市場之社會學分析』國立台灣大學建築與城鄉研究所碩士論文
陳怡伶＝黎德星（2010）「新自由主義化，國家與住宅市場——臺灣國宅政策的演變」『地理學』報第五十九期，105-131
陳東升（1995）『金權城市——地方派系，財團與台北都會發展的社會學分析』巨流
Castells, M., Goh, L. and Kwok, R. Y. W. (1990) *The Shek Kip Mei Syndrome: Economic Development and Public Housing in Hong Kong and Singapore*, Pion
Gold, B. Thomas (1986) Dependent Development in Taiwan, Ann Arbor, Mich., *University Microfilms International*, 1986

8 土地開発体制主導下の高密度都市における香港住民の日常生活[*1]

鄧 永成＝葉 鈞頌

はじめに

　メインストリームの言説において高密度であることは都市景観の空間形態だとみなされている。しかし高密度化はひとつの社会的なプロセスであり，特に不公正な空間プロセスを生産あるいは再生産し，不公正な土地開発体制（land redevelopment regime）を延命させるものであると私たちは主張する。香港の高密度化にかかわるプロセスのなかで土地開発体制は住民の日常生活を支配している。社会的弱者がいったんこのようなつくりあげられた建造環境（built environment）に入り込んでしまえば，経済効率を最優先する主流思想の影響を受けることになる。たとえ不公正な体制によって，苦しめられ，貧困や住まいおよびその他の社会問題に直面したとしても，彼らはこの体制とたたかおうとはしない。香港の住民生活がどのように高密度な空間プロセスの影響を受けているか，そして彼らの反応について検討するために，本章では深水埗（シャムスイポー）のケースを入り口に，さらに大きな空間を対象として香港の都市開発を主導している政治経済力について検討し，最後に，未来におけるより美しい都市のイメージを提案し結びとする。

　深水埗は昔から香港のなかで最も高密度化した地域と考えられてきた。深水埗には，底辺層の人びと，新移民，ホームレスの人びと，高齢者といった社会的弱者が集まっている。深水埗区議会には21の選挙区がある。図表8-1に示すように，教育，高齢化，賃貸住宅の割合，収入に対する家賃の割合等，どの指標をとっても，深水埗のデータは香港平均と比べて悪い結果となっている。それは，同区が貧困と様々な社会問題に直面していることをあらわしている。

　深水埗区全体のうち，私たちは特に東北は大埔道（ダイポードー），西北は欽州街（イェンチョウガイ），西南は通州街（トンチョウガイ），そして東南は界限街（ガイハンガイ）によって囲まれた地域を対象に調査を行った。こ

図表 8-1 深水埗と香港の社会経済データ比較（2011年）

	深水埗	香 港
人　口	380,855	7,071,576
経済指標（％）		
―成人失業率	5.4	4.8
―月収 HK$15,000未満世帯（2011年レートによる）	33.3	25.8
―高等教育を受けている割合	22.8	25.9
―ブルーカラー階層	33.4	32.0
―ホワイトカラー階層	66.7	68.0
住戸及家族形態・世帯構造		
―世帯人員数中間値	2.7	2.9
―引退者	17.7	14.8
―15歳未満	11.5	11.6
―核家族世帯	61.0	66.3
―単身世帯	21.9	17.1
―5人以上世帯	10.5	12.2
地区・地域		
―持ち家率	43.0	52.1
―借家率	54.8	44.3
―区内居住期間5年以上	80.4	81.4

出所：2011年香港人口センサスをもとに筆者作成

れは6つの区議会選挙区にまたがっており，主には住宅地である。対象地域の面積は0.57km²であるが，人口密度は1km²あたり15万人に近い。2001年および2011年の人口センサスデータによれば，人口は8万5,955人から8万3,333人へと減少しているが，世帯数は3万340世帯から3万1,896世帯へとかえって増加している。このことから，世帯および家族の構成が変化したことがわかる。核家族の割合は小さくなり（2001年の57.42％から2006年の54.81％へと減少し，2011年にふたたび55.73％に微増した），世帯人員の中間値も小さくなっている。これらから，単身者世帯の割合が増えたことがわかる。そして単身者世帯の多くは，区内の間仕切部屋に住む社会的弱者である。

また，年齢層別の分布も対象地域の高齢化問題を反映している。15歳未満の人口は2001年には17％であったが，2011年には12％へと激減している。この10年間，若者の人口割合は小さくなり，中年の人口割合は大きくなり，若者を上

回った。人口センサスのデータは，同区内の貧富の格差がますます拡大していることを示している。就業人口の月収であれ，世帯の月収であれ，その中間値は毎年上昇しているにもかかわらず，上位四分位点と下位四分位点との差は拡大し続けている。世帯収入を例にとれば，2001年と2006年との差は1万3千香港ドルであったが，2011年には1万6千香港ドルに拡大している。これは，収入の格差が拡大し続けることによって，区内の社会的弱者が，相対的にますますひどい生活を送らざるをえなくなっていることを示している。

　以上の計量可能なセンサスデータのほかにも，忘れてはならないのは対象地域において再開発プロジェクトが続々と進められていることである。調査において私たちは再開発の影響を受けた多くの住民に話を聞いた。彼らは不平等な権力関係のなかで剥奪されている。たとえば都市再開発局から補償額をたたかれ，立ち退きにあたっては暴力的な取扱いを受けている。しかし彼らの叫び声が主要メディアに取り上げられることはほとんどない。再開発およびその背後にある土地開発体制については，のちに詳細に検討する。これら都市再開発プロジェクトと住民構造の変化は生活の質を日々悪化させているだけでなく，都市の高密度な開発をさらに加速している。本章は，高密度化する空間プロセスにより住民の日常生活が影響を受けていることは軽視できない問題であることを指摘する。

I　深水埗住民の日常生活

　深水埗の人びとの生活をより深く理解するために，この研究では20数世帯を対象に詳しいインタビュー調査を行った。紙幅の都合によりそのうち2ケースを紹介し，議論の材料としたい。Yさん（女性）と，Hさん（男性）は，中国大陸から香港へ移住して来たケースである。

　Yさんは香港に来て3年になる。親戚の紹介で他の人びとと深水埗のアパートをシェアしている。夫は現在中国大陸に住んでおり，香港への移住を申請中である。訪問当時，香港で出産した息子は生後3か月であった。日常生活では，ほとんど家で息子の世話をしている。毎日息子をつれて市場に食材を買いに行くが，時々，西九龍センター（近所の大型商業施設）近くの商業施設をぶら

ぶらすることもある。妊娠前は，深水埗の靴店で働いていた。職場は同じ区内だったが，当時は毎晩10時まで働いていたため，あちこち出歩く時間もなく地域のことは詳しくないと言う。現在は働いておらず収入がないため，中国大陸にいる夫からの仕送りを受けている。以前の同僚の紹介でソーシャルワーカーと知り合い，支援を受けて公共賃貸住宅への入居（Ｙさんは香港に来てまだ７年経っていないが，出産したばかりの子どもが永住者となるため，Ｙさんには世帯主として公共賃貸住宅に申請する資格が認められる）とフードバンクの利用を申請した。また，Ｙさんは CSSA[*2] の申請を検討したが，状況の特殊性からソーシャルワーカーの提案に基づいて，まず「思いやり基金」[*3] への申請を行った。Ｙさんの一番の望みは夫が香港に来ること，息子が健やかに育つこと，公共賃貸住宅に住めることである。香港の社会環境に対して考えていることは，特にない。将来については，Ｙさんはまたサービス業で働きたいと考えている。彼女は，将来については仕事のことしか考えていない。いったいどのような体制が彼女に今日のような生活をもたらしているか，といったことは考えたことがない。

　Ｈさんは，香港に来て４年，現在の間仕切り部屋に４年近く住んでいる。家賃は毎年500香港ドルずつ上がり，現在の家賃は3,100香港ドルである。妻も同じく大陸出身だが，子どものころから香港に住んでおり永住権をもっている。２人は大陸で知り合って結婚し，香港に来てから女の子と男の子を１人ずつもうけた。Ｈさんはこれまで清掃と建設労働の仕事をしたことがあるが，収入を増やすため今後は建設労働のほうで働きたいと考えている。また，副業として回収した古い家電製品を住居のなかにつくった小さな作業場で修理し，夜に深水埗で露店に出して売っている。香港に来てすぐＨさんは地域のソーシャルワーカーと知り合った。彼は人から騙されることを心配しており，ソーシャルワーカーに公共賃貸住宅への申請の手伝いを依頼したのが３年半前のことである。子どもは CSSA を受給している。彼はまた香港には公共の医療システムなど，ほかにも福祉サービスがあることを知っている。彼の情報源は主にテレビであり，ふだん新聞は読まない。仕事のプレッシャーはきつく，待遇の面でも尊重されず，Ｈさんは現在の生活に満足しているわけではない。しかしそのような仕事のスタイルを変えようと考えたことはない。将来についてＨさんの考えは，とにかく公共賃貸住宅を得たいということだけであり，一生そこで

暮らしてもかまわないと思っている。Hさん本人の言葉によれば，最大の願いは公共賃貸住宅を獲得することであり，それから仕事を探したいとのことだ。

　長年の深水埗住民へのインタビューを経て，私たちは地域の社会福祉組織の支援が，多かれ少なかれ人びとの生活を改善していることを理解できた。また同時に，住民の将来に対する考えは社会を主導する政治経済のロジックの影響を受け，不公平かつ公正でない体制のなかにいるとは知りながら，しかし体制に対して疑問を呈したり，抵抗したりすることには考えも及ばないということが明らかとなった。

II　日常生活の脱政治化

　政治は本来日常生活のなかにあるべきである。しかし，権力者はたえず政治をもてあそび，「政治」という言葉にスティグマをもたらし，市民の政治離れを招き，また政治への軽視を奨励している。日常生活において人びとは，政治に対して経済を発展させてくれればそれでよいと思っているようだ[4]。研究を進めるなかで，社会的弱者である人びとは，日々の長時間労働によって経済の発展に貢献しているにもかかわらず，一方で社会の寄生虫のようにみなされていることを感じた。彼らに福祉サービスを提供することは，社会資源の無駄遣いだとみなされる。さらに，注目に値するのは，社会的弱者は長時間労働によって，日常生活における興味関心を諦めざるをえず，家族と過ごす時間をもつのもむずかしいことである。まして集団的政治生活に関心をもったり参加したりする余裕はないのである。様々な要因によって，彼らの日常生活には政治の不在が生じている。

　香港は行政主導によって，権力が体制擁護の上層階級に集中している。政治機構と大衆の日常生活には大きな隔たりがある。区議会は理想的には地方政治の中心であり，そして空間的にも最も市民の日常生活に近いものであるべきである。しかし実際には，行政権力をもたず承認するだけの"ゴム印"の役割にすぎない。その権限は「基本法」[5]の制限を受けるだけでなく，その運営は権力者と既得権益によってもてあそばれている。社会福祉組織は様々な手続きと規則の制限を受ける。政府から金銭を受け取っている組織の多くは，政府の支給

条件に迎合せざるをえない。これらの組織は多くの場合，不公平な体制のなかで修正を行うことができるだけであって，人びとを団結させて体制に挑むことはない。一例に「都市再開発地域支援チーム（Urban Renewal Social Service Teams）」があげられる。これらのチームは現行の規則のもと，都市再生局によってそれぞれの再開発地域に設けられた。その目的は再開発の影響を受けた住民に支援を提供することである。しかし，これらのチームのソーシャルワーカーの仕事は都市再生局の指示と管理を受けるのである。ひどい場合には，都市再生局と事務所が同じといったケースもあり，住民との信頼関係の構築がむずかしいばかりでなく，都市再生局の現行政策と体制に挑戦することなど不可能である。コミュニティ開発への取り組みは1970年代に始まったが，政府はコミュニティ開発に対して懸念を抱き続けている。たとえば1976年，あるコミュニティ開発プロジェクトから収入を得ていたソーシャルワーカーが牛頭角(アウタウコック)で署名運動を起こして親たちの声を結集し，9年間の無償教育を勝ち取った。当時の官僚はこのようなコミュニティ開発プロジェクトは「政治化し，コントロールできない恐れがある」とみなし，そのソーシャルワーカーの上司に対して活動を止めるよう要求さえした。[6] 2001年より，政府は福祉支出を削減し，それまでの実費支給による補助金制度を一括払い方式に改め，それによって間接的に社会福祉組織の予算に上限を設けた。その後遺症によって，資源を大量に投入する必要のあるコミュニティ開発チームの数は大幅に減り，最終的には解散させられた。[7] 社会福祉制度改変という現状のもと，ソーシャルワーカーの仕事はケースごとのかかわりになりがちで，さらに資源を投入して地域に対してはたらきかけたり，近隣住民を団結させたりすることはむずかしい。深水埗区のコミュニティ組織によっては周りとの関係から身勝手になることができず，政治的たたかいに全力投球できない例も見受けられた。上述のYさんの例が示すように，彼女はソーシャルワーカーの支援を受け，社会福祉の各種申請を行うことができ，表面的には個人的な窮状をしのぐことはできたようにみえる。しかし，彼女は困難な状況をもたらした原因については考えない。ソーシャルワーカーの支援のもとで他の近隣住民と団結し体制に疑問と挑戦を突きつけ，都市社会政治に参加するような機会はさらにない。本来，政治プロセスとしての都市開発プロセスであるはずだが，逆にいたるところで市民の政治参加を妨

げ，都市空間を商品化し，金と権力をもったエリートたちに土地を与え，高密度都市をつくり出しているのである。

Ⅲ 高密度都市——覇権都市空間の生産プロセス

20世紀の1960〜1970年代より，香港不動産市場が金融株式市場とリンクして以降，デベロッパーをはじめとする中華系資本が，イギリス系資本の支配していた金融市場に大きく進出し，マーケットで順調に資金集めを行った。このことは土地資本の更なる集中をもたらすだけでなく，その集中速度をはやめ，不動産市場の急速な発展をもたらした。政府にとっては土地関連の税収が増え，さらには最大の財源となった。[*8]そして不動産は香港経済を左右する最重要事項となった。結果，市民の日常生活にダメージを与え，覇権的都市空間（hegemonic urban space）を生み出している。ほかとは異なり，香港の覇権的都市空間は単なる階級関係の弁証によっては理解できず，ルフェーブルの「都市化された覇権」を如何に香港特有の時間と空間とに結びつけるかについて，私たちは真剣に検討しなければならない。つまり覇権的都市空間を都市開発体制の歴史地理的文脈のなかで理解する必要があるのである。ルフェーブルはグラムシのヘゲモニー論について改めて言及したとき，都市の空間の生産を媒介とする日常生活について考察し，特に日常生活が抽象空間の生産（production of abstract space）に結びつけられるたびに，まさに覇権が出現すると主張した。しかしこの理論はメインストリームの経済分析のなかでは往々にして軽視されてきた。私たちは土地開発体制の2つの特徴について考えておかなければならない。第1は，政府主導であることであり，第2は，土地開発が植民地時代の当初から社会を主導してきたことである。1842年の南京条約締結以前，1841年にイギリスによる植民地政府はすでに最初の土地の使用権の売却を行い，香港の土地をすべて植民地政府に帰属させていた。政府が香港の土地を独占したことにより，貨幣資本を虚偽資本へと転化し，生産資本を商品資本へと転化した。香港の植民地史を振り返ると，政府の有効な運用を資本蓄積のロジックよりも優先するために，政府はいつも時勢にあわせて政策を変更してきたことが見てとれる。それはつまり，この体制の覇権的地位が脅かされない限り，すで

にある施策が変更されることはないということでもある。政府の空間における主導的な地位に対して，その覇権に挑戦し制度を改革するために，空間の矛盾は実際重要な役割を果たしているのである。

　第2の特徴は不動産開発が長い間香港社会を主導してきたことであり，それが一般に考えられる工業による資本蓄積とは異なる点である。個人のレベルでは，たとえば株で儲けるなど余分な金を手にしたとたん，その資金は不動産市場に再投資されるし，その逆もまた然りである。それと同時に，都市社会のレベルにおいては，株式市場で資本を得て拡大することに備えるため，不動産市場は絶え間ない商品化を通じて不動産の量を増やし，それによって年次決算の利益率を高めようとする。このような土地の需要と供給の変化の原因は，ひとつには1970年代末に，香港の工業生産が大々的に改革開放後の中国大陸へと移転したことにある。また一方で，香港のデベロッパーが政府に，開発できる土地を毎年要求し，政府自ら土地造成特別委員会を設立し，その後も政策の調整などで応えたからである。中国とイギリスは1984年に「中英共同声明」に署名し，それは香港の植民地状態が近く終結することを意味した。これは，香港の将来にかかわる問題についての国際的な交渉は終わり，より低いレベルでの政策対立にならざるをえないことを意味していた。中国・イギリスの双方にとって，当時，経済の繁栄と社会の安定を維持することは非常に切迫した課題であった。つまり，不動産を経済のマニピュレーターとすることは共通の認識であった。中国政府は香港政府による土地販売の上限を年間50haに制限したため，香港政府は都市再開発と海岸の埋立てによって土地の供給を増やしたのである。[9]

　これが，政府が主導しデベロッパーが実行する土地開発体制[10]である。このようにみると，ルフェーブルが論じた日常生活のなかの覇権形成プロセスと空間の生産の理論と，香港の高密度空間のプロセスとは異なる点があるといえる。香港の土地開発体制は政府に依存して不動産開発を進め，「空間の表象」（representations of space）を形成し，また延長した。政府はこの体制にそぐわない空間実践を歓迎せず，ひどい場合にはそれを制限した。

　土地開発体制のなかで，覇権的都市空間の使用価値は早々に交換価値に取って代わられてしまった。空間の交換価値を強調することは，都市空間の開発に

あたって，「個人」（individual）が空間のなかでどのように生活するかを考慮せず，都市空間を商品とみなすことを意味する。あらゆる開発において経済的な効率，経済的利潤の最大化が追求される。「人」の概念はすっかり変わり果て，標準化数値化された「人に類するもの」（quasi-individual）となる。都市計画と技術官僚は「実施すれば効果がある」[*11]手順で「理性的」にメインストリームの経済ロジックに従い，開発を管理している。また，これらの技術的な決定は往々にして科学的な証拠によって支持され，そしてこれらの知識は社会経済の発展を推進する原動力として構成されており，人びとは「理性的」な前提のもとでは決定を受け入れざるをえない。「香港の土地は寸金尺土」とよくいわれるが，デベロッパーは1寸の土地に設計技術を凝らし，容積率および建築高度などの規則の許すぎりぎりまで利用し，その土地から最高の価値を引き出す。そして香港の高密度空間を実現している。「少ない土地に多くの人」の合言葉のもと，建てるときは高ければ高いほどよいのである，いずれにせよ投機的な売買はあるのだから。「少ない土地に多くの人」という世論のなかで，オーナーたちはマンションを間仕切部屋に分割して貸し出し，利益を得ている。そして毎年家賃をつくりあげている。深水埗区はその先頭を走っているのである。大多数の社会的弱者は，家賃によるプレッシャーに黙って耐え，給与のほとんどをその支払いにあてる。それによって住めるのは狭い，環境の悪い居住空間だけなのである。

　香港の覇権的都市空間の密度の高さは，日常生活の脱政治化を伴うことで，社会的弱者を追い詰め，また彼らが現状を問題とみなす（problematise）ことを妨げているといえよう。現在の土地開発体制が形成されて以降，土地の使用は経済効率の最大化が最優先とされ，空間の交換価値が使用価値に取って代わり香港の都市開発を支配してきた。市民ひとりひとりの日常生活もまた，金融体制の資本蓄積にくみこまれ，それを推し進める結果となっている。さらに重要なことは，生活の脱政治化によって，開発プロセスのすべてが順調に進められていることである。住民の日常生活はすでにこの体制によって支配されており，立ち上がって抵抗する時間も空間も残されていない。本来政治的プロセスである都市開発のプロセスのなかで，体制は土地資本を独り占めし，高密度都市をつくり出している。しかし，体制がつくり出す空間の矛盾は，かえって人

びとが現在の土地開発に対する考えを変えるきっかけをもたらすことにもなるのである。

　オルタナティブな「表象の空間」を構想することによってのみ，ひとりひとりの「個人」が自分の日常生活がいかに不公正な体制に支配されているかを意識し反ヘゲモニーへの取り組みを始めることができる[*12]。2014年の雨傘運動は[*13]，ひとつの反ヘゲモニーのプロセスとみなすことができるが，しかしまた，そうでないともいえる。反ヘゲモニーと呼ぶのは，香港に深く根をおろしている脱政治化された価値システムに彼らが抵抗したためである。そうでないというのは，大衆がいまだに「理性」，「手順」，「客観」といった理念と方法に対し迷信をもっており，より深いレベルのヘゲモニーに抵抗しなかったからである。このような局地的なヘゲモニーへの抵抗は，社会的弱者の日常生活に入り込むことはできない。第1に，すでに述べたように，日常生活の脱政治化という前提のもとで，彼らは実際に何が起こっているのかすら気づいていない。本研究のため，ある親子にインタビューをした際，母親は「セントラルの占拠中，二人ともまったくアレルギー性鼻炎が出なくて，それで家じゅうの窓を開けていたの。本当に気持ちよかった！」，息子は「楽しかったよ。あのときは毎週旺角(モンコック)まで行っていた。特別だったよね」と語った。彼らの社会政治への理解はこのレベルにとどまっており，何のために，どうやって，それに参加するのかについては深く考えていなかった。また日々の長時間労働のなか，体制によって「植民化」されている彼らは，自分がそれに参加できるとも思っていない。また，インタビューにこたえた香港で育ったある警備員は，大多数の黙々と働く「個人」の代表といえるかもしれない。彼は「もし働かなくていいのなら，私だって雨傘運動に参加するよ。でも，仕事があるから無理だ」と言うのである。「個人」ひとりひとりが現状に疑問をもち，不公正な体制がいかに自分たちの日常生活を支配しているか考える必要があろう。これからの都市政治運動においては異なる時間・空間を結びつける必要がある[*14]。地域内の社会的弱者の人びとを組織し，彼らが運動に参加することによって，「創造的な差異」（maximal difference）を増やす必要があろう。社会的弱者もひとりひとりの違いを認識し，それぞれ「個人」を，感じ，理解していかなければならない。それにより「差異のある空間」を創り出し，新しい社会契約をともに定め，よりよ

い都市の未来をイメージすることができるのである。これまで抵抗してこなかった土地開発体制に対して宣戦布告するときがきているといえよう。

* 1 本章は香港研究補助局（HKBU250012）による研究助成を受けて実施したものである。
* 2 正式名称は「総合社会保障援助制度」（Comprehensive Social Security Assistance）であり，香港の公的扶助制度のセーフティネットである。経済的に自立できない人びとに扶助を支給し，基本的ニーズに応えるものである。
* 3 思いやり基金（關愛基金，Community Care Fund）は2011年に政府が始めた新しい福祉事業である。その目的は社会のセーフティネットから漏れた社会的弱者に経済的援助を行うものである。
* 4 この点について最もはっきりと示すのは，主権返還後の初代行政長官董建華の「すぐれた名言」である「香港は経済都市であって，政治都市ではない」をおいてほかにない。
* 5 「基本法」（Basic Law）は中国人民代表大会が香港特別行政区のために制定した憲法であり，第97条において「香港特別行政区は政権性のない区域組織を設け香港特別行政区政府の当該地域における管理およびその他業務に対しての諮問を受け，また文化，レクリエーション，環境衛生などの業務を代わって行うことができる。」としている。このことによって，地域の政治改革が非常に困難となっている。
* 6 香港歴史檔案館藏品：HKRS410-10-33。
* 7 この件に関する議論については，Lam（2012, 77-93）を参照。
* 8 法律では土地の売却益はインフラ整備にあてることと定められているが，しかしそれが市民の利益になっているかは別である。インフラ整備への支出は政府から市場に投入され，資本の循環と蓄積を促進するのである。その結果として資本主義の生産モデルをさらに加速する。マルクスのいう「時間による空間の絶滅」であり，土地開発体制を強化することになる。
* 9 この方面の議論については，Tang, Lee, and Ng（2012, 89-106）．および Tang, W-S.（submitted for publication）Beyond gentrification: 'hegemonic' redevelopment in Hong Kong, *International Journal of Urban and Regional Research*. 参照。
* 10 事実上，香港は世界随一の縁故資本主義であり，政府と経済界の密接な関係はいうまでもないことである。これまでに両者の間には絡み合った金権関係が確実に存在することを，会社の経営陣の名簿と政府行政会議および立法会職能別の構成に基づいたいくつかの研究が指摘している。最近のものでは香港大学報道メディア研究センターの研究が，「投票なしの自動当選が主流となっている職能別の議員たちは上場企業のお気に入りであり，経営者ネットワークの強力な接着剤でもある。彼らは経済界において権力をもつだけでなく，立法会において民選議員の決定を否決する権力をもっている」と指摘している。
* 11 香港政府は「実施すれば効果がある（行之有効）」という言葉をよく使う。都市における規則制度についても，また以前のテレビの免許制度についての争議においても，政府は「実施すれば効果がある」ことを口実にしてきたが，どのようにして「有効」だという結論を出したかについては言及しない。そのうえ，いったん私たちが有効かどうかだけに基づいて手続きを決めるならば，「脱政治化」の罠に陥ってしまう。手続きはその背後で政治と関係しており，不平等な金権関係を隠している。政府はいつも政治と政策を切り離そうとし，民生の政策と政治は別物であると主張する。このような言説は，本質はかえって政治的であるということの明らかな証拠である。
* 12 反ヘゲモニー（反覇）についての初期的検討については，鄧（2011, 59-73）参照。

*13 雨傘運動は香港で2014年9月に始まった社会運動であり，真の普通選挙の実現を目的としていた。9月，学生が授業をボイコットし，集会を開き，8月31日の中国人民代表大会が決議した普通選挙方式に抗議した。9月28日には，逮捕された学生に対して数万の市民が声援を送り，機動隊が市民に催涙弾を使う事態となった。これは，さらに多くの人びとの参加を促すことになった。人びとは，各地域で主要道路を占拠し，この事態は12月まで続いた。

*14 Merrifield（2014）はかつての都市問題は集団生産および消費の経済問題であったが，現在のグローバル都市社会は，金融財閥のヘゲモニーと政治制度による民主的でない都市政治問題に直面していると主張している。私たちに必要なのは単なる都市社会運動ではなく，都市政治運動である。

▼参考文献

鄧永成（2011）「《都市再開発戦略》檢討──「久在樊籠裡，復得返自然」」，寧越敏編『中國城市研究（第四輯）』商務

Lam, K.（2012）"The relevance of Alinsky? Hong Kong in 1970s and 2000s versus Vancouver in 1970s," *Community Development Journal*, 47 (1)

Merrifield, Andy（2014）*The New Urban Question*, Pluto Press

Tang, W-S., Lee, J. W-Y., and Ng, M-K.（2012）"Public engagement as a tool of hegemony: The case of designing the new central harbourfront in Hong Kong," *Critical Sociology*, 38 (1)

II 部
包摂都市を実現するための実践

9 香港のインナーシティにおける住宅困窮状態の類型と特徴

ヒェラルド・コルナトウスキ

はじめに

　香港の都市部において，住宅困窮の状態におかれている総人数は，現在10万人を超えていると推定される（SoCO 2011）。そのなかでも，最も影響を受けているのは，単身高齢者（La Grange et al. 2002a）や移民（Law et al. 2006），さらに，野宿者（コルナトウスキ 2010）である。香港の人口のおよそ5割が公営住宅に居住していること，それまで大きな住宅問題を引き起こしていたスクォッターが激減したこと，現在急速に進んでいるインナーシティの老朽化した住宅地の再開発による住宅環境の改善（Adams et al. 2001）などを考慮すると，住宅困窮問題がこの規模まで広がっていることは奇異にみえる。

　香港の住宅制度や関連施策は，世界から注目を浴び続けており，数多くの研究が蓄積されてきた（Keung 1985, 23）。しかし，そうした研究の多くは，スクォッター問題に対する住宅政策に由来する公営住宅の展開に主眼をおいている。一方，香港の民間低家賃住宅における住宅困窮を取り扱った研究はわずかであり，こうした研究のほとんども「貧困問題」のケーススタディの域を出ていない。

　本章では，そもそも住宅政策に含まれてこなかった民間賃貸住宅に焦点をあて，香港独自の都市空間構造的なコンテクストから，現在の住宅困窮の実態を検証する。

I　香港における民間賃貸住宅の位置づけ

　香港における低所得世帯の場合は，公営住宅が最も重要な住宅資源となっている。一方で，公営住宅入居資格をもたない「新移民 New Arrivals」，または

図表9-1　1983～2006年における民間賃貸・持ち家と公営賃貸・持家住宅の動向

年　次	公営セクター（%）		民間セクター（%）		民間賃貸	
	賃貸	持家	賃貸	持家	賃貸の戸数	全体の%
1983	95	5	43	57	283,745	24
1986	89	11	38	62	292,646	21
1991	83	17	26	74	238,267	14
1996	76	24	28	72	300,656	14
2000	66	34	28	72	327,345	15
2006	66	34	27	73	322,537	13

注：1983～2000年の間は，全住戸数が110万戸から220万戸に増加した。2006年の統計は，筆者による加筆である（Hong Kong Population By-Census 2006）。
出所：La Grange et al.（2002b, 723）

　公営住宅入居の優先的な扱いにならない単身者の場合は，手ごろな民間賃貸住宅に頼らざるをえない。しかし，1980年代以降の軽工業からサービス・金融への産業の転換の結果[*1]，現在の商業中心地（CBD）が拡大しつつあることとそれに伴うインナーシティの再開発の影響により，こうした低家賃住宅の実態は変容を迫られてきた。

　まず，香港における民間賃貸住宅市場に焦点をあて，特に低所得者が利用する低家賃住宅の変容を検証していきたい。1980年の段階では，民間賃貸住宅が全住戸数の3割と，大きな割合を占めていた（La Grange et al. 2002b）。しかし，その後，La Grange et al.（2002b）が示すように，1983～2000年の期間でみると，民間セクターのなかで賃貸の割合は43%から28%へと減少し，全住宅戸数の24%からわずか15%にまで減少した（図表9-1参照）。

　この傾向は，特に以下の2点の要因によるものと考えられる。①1970年代から始まる民間賃貸住宅から公共賃貸住宅への移行，②1980年代に具体化する持ち家への移行（La Grange et al. 2002b, 727-728）である。持ち家に関しては，2つのグループにカテゴライズできる。ひとつは，公営住宅を運営する Hong Kong Housing Authority（HKHA）による持家制度を利用し，持家制度住宅団地 Home Ownership Scheme Estates に入居できたグループであり，もうひとつは，1997年以後，アジア通貨危機がもたらした約40%の地価下落の結果，民間市場で持家住宅を手に入れたグループである。なお，これに伴い公共賃貸住

宅に関しては，1997年に順番待ちリストの平均待機期間が，7年間から約3年間にまで縮小され，民間賃貸住宅から公共賃貸住宅への移行の速度が増したと考えられる（La Grange et al. 2002b, 726）。

このように，中低所得世帯が次々と民間賃貸住宅から出て行くことによって，こうした住宅形態は減少していくとともに下位の位置づけを占めるようになる。近年の民間賃貸住宅居住者については，大きく以下の4つのカテゴリーに分けることができる。①高所得の外国人従業員，②収入からは持ち家を手に入れることはできないが，持家制度入居資格の収入レベルは超えている，いわゆる「サンドイッチクラス Sandwich Class」，③持家制度入居資格をもち，多くの場合待機中の中所得者世帯，④公共賃貸住宅入居の待機中，あるいは入居資格をもたない低所得者世帯（La Grange et al. 2002b）である。民間賃貸住宅は，この4つのカテゴリーに応じて，様々な特徴を有しているが，ここでは4つ目のカテゴリーに注目して考察する。

前述したように，1980年代以降の経済基盤の再編成が，民間住宅と，特にその住居形態に与えたインパクトはきわめて興味深い。全住宅戸数のなかでは，民間住宅戸数の増加と対照的に，民間賃貸住宅の割合が減少した[*2]。そして，その増加分の大半は持ち家という形態であり，民間賃貸住宅に関しては，単身賃借人が倍増しており，大きなプレッシャーをもたらすようになったのである。

II 香港インナーシティにおける地域の特徴

香港がグローバル都市へと経済構造を変化させつつあるなかで，低所得者にとっては，生活を維持できるだけの就労機会が減少した。また，今まで重要な住宅資源であった民間賃貸住宅市場も縮小する一方で，家賃は高騰を続けている。本節では，それらとインナーシティとの関連性を検討してみたい。

図表9-2で示されているように，香港のインナーシティは九龍半島西部でCheung Sha Wan 地域，Sham Shui Po 地域，Tai Kok Tsui 地域，埋め立て地区の Yau Ma Tei 地域，東部でおおむね Kowloon City 地域，Kwun Tong 地域に分かれており，香港島西部では Sai Ying Pun 地域と Kennedy Town 地域に，さらに東部では Shau Kai Wan 地域に位置している。こうした地域は，以

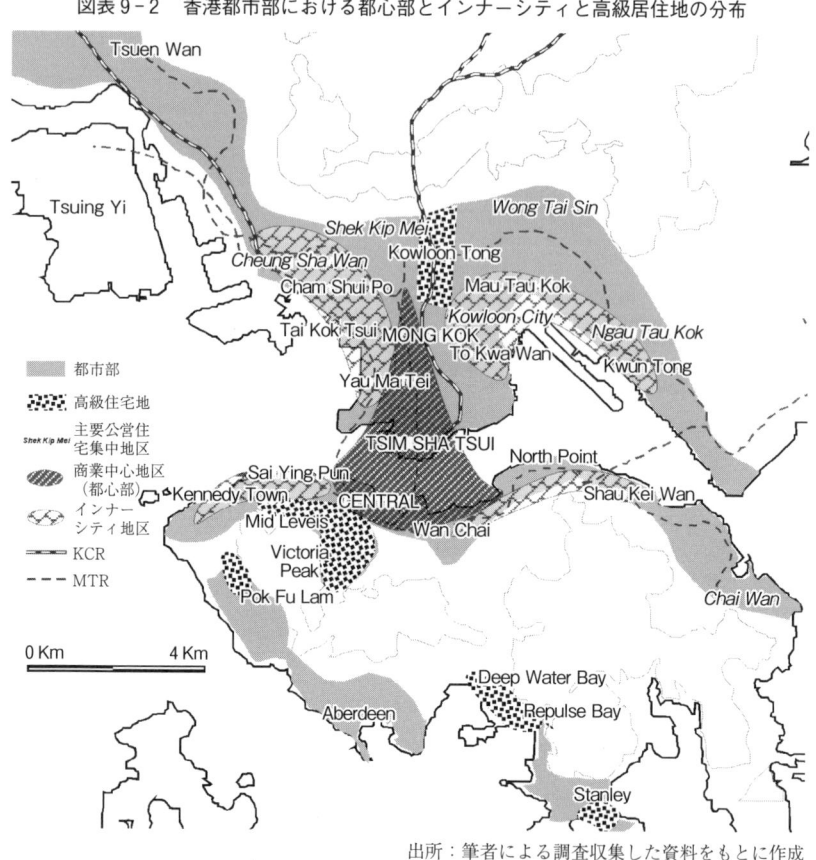

図表9-2　香港都市部における都心部とインナーシティと高級居住地の分布

出所：筆者による調査収集した資料をもとに作成

下のように，おおむね7つの共通した特徴がある。

① 世帯平均月収が比較的に低い（Hong Kong Census and Statistics Department 2006）。

② 新移民，単身高齢者やエスニックマイノリティが比較的多く居住している（たとえば，Newendorp 2008）。

③ 民間低家賃住宅が比較的多く，建物自体は1950～1960年代に建設された「中国式共同住宅」で，大部分が老朽化している（たとえば，Forrest et al. 2004）。

④ 大気汚染の割合が比較的高い（たとえば，Stern 2003）。
⑤ Kwun Tongを除き，ホームレス支援関係の単身者用中間施設（＝アーバン・ホステル）が集中しており，一般的に社会関係資本が多く存在している（コルナトウスキ 2010）。
⑥ ストリートマーケット，リサイクリング，卸売店などが多く存在し，低賃金労働が集中する地域となっており，それらが地域経済と日常生活を支えている（たとえば，Blundell 1993, 4 ; La Grange 2010も参照）。
⑦ 土地利用は，すべてが軽工業時代に由来する（住商工）混在地区で，（低廉）住宅密度が非常に高い（たとえば，閻 2001）。さらに，現在は多くの地域が再開発対象地区となっており，オフィスと中高級マンションが増加しつつある。

なお，再開発に関しては，欧米や日本でみられる「衰退した地域を再生する経済的な手段」というよりも，「衰退しておらず，利用不足の土地の経済的価値を効果的に増大させる手段」となっている。その理由は，非常にコンパクトな都市空間構造であるため，ソーシャルミックスの割合が高く，犯罪率も相対的に低い。したがって，La Grange（2010）が指摘するように，「香港のインナーシティでは，老朽化した住宅が存在するが，商業的に活気にあふれ，コミュニティも活発である」からである。

Ⅲ　住宅困窮状態の類型と特徴

さて，公共賃貸住宅政策や持家制度の影響という点から，「社会的に下位な位置を占めてきた低所得単身者」（Cheung 2000）と新移民の住宅困窮の類型と特徴についてみてみよう。図表9-3は住宅困窮状態を類型化し，いくつかの項目について整理したものである。いずれも（フォーマルとインフォーマルな）民間低家賃市場の住宅になっており，2つのカテゴリーに分けることができる。2011年現在で，総居住者数は約10万人に到達しており，その大半が公共賃貸住宅入居申請中であると推測されている（SoCO 2011, 3）。生活スペースはきわめて狭いうえに，現在最も深刻な課題になっているのは，1996年の最高家賃レベルを凌駕するような家賃の高騰である。これに加え，彼ら／彼女らの平均

図表9-3 住宅困窮状態の類型

	平均面積（㎡）	平均家賃（HK$）	住民特徴	時　期	割　合
天台屋（屋上小屋）	12〜50	50,000（持ち家）700〜2,000	単身者，家族型		8%
間仕切りアパート					
キュビカル	12〜18	1,800〜3,000	二人世帯，CSSA 利用者	50年代〜	17%
ベッドスペースアパート	4.5	700〜1,500	単身者，CSSA 利用者	60年代〜	8%
スイートルーム	30	2,500〜3,000	単身者，家族型	90年代〜	
棺部屋	4.5	1,000〜2,000	単身者，CSSA 利用者	00年代〜	67%
工場アパート	40	1,500〜2,400	家族型	00年代〜	

出所：住居形態の世帯割合は SoCO（2011）による。他のデータは筆者による調査収集した資料をもとに作成

所得はわずかに3,650香港ドル（世帯平均所得は6,000香港ドル）であるのに対し，そのうち家賃の占める割合は平均で37％であるなど，住宅困窮に加え，明らかに居住貧困の状態になっていることを示している（SoCO 2008）。

ひとつ目のカテゴリーは，「屋上小屋 Rooftop Hut」であり，主に1960〜1970年代に建てられた中層共同住宅の屋上にある。しかし，すべて増築許可を得ずに増築しているため，違法建築物となっている。これらは，インフォーマルな住宅ではあるが，賃貸と持ち家の両方が存在する。

2つ目は，2009年以降にメディアなどを通じて流行した用語である「間仕切りアパート Subdivided Flats」である。これはもともと戦前から存在している「キュビカル Cubicle」と，戦争直後の軽工業化に伴った単身労働者向けの「ベッドスペースアパート（ケージホーム）」とを意味していたが，近年の新型居住困窮形態である「棺部屋 Coffin Room」，「スイートルーム Suite Room（Self Contained Room）」，「工場アパート Factory Flat」も含むようになった。その特徴は，もともと個室アパートであったものをいくつかのユニットに間仕切りし，転貸する方式をとっていることである。こうした方式自体は必ずしも違法ではないが，多くの場合に，安全設備が欠如しており，正式な安全条件を満た

していない．屋上小屋，スイートルーム，工場アパートは，水道（トイレ，洗面所），厨房（キッチン）の設備があるが，ベッドスペースアパート，棺部屋，キュビカルは，完全にそれらが共同利用となっている．以下，類型ごとに特徴を紹介する．

屋上小屋 Rooftop Hut

　まず，建物の屋上に建てられている「屋上小屋 Rooftop Hut」をみてみよう．この形成過程は，間仕切りアパートと同様の背景がある．つまり，手ごろな住宅への高い需要と，1998年まで行われていた家賃統制に抵抗するオーナーの収益確保のために建てられたものである．これは，建築法（追加建築物）に違反してはいるが，Chui（2009）が指摘するように，ある程度「大目にみられた存在」ともなっている．すなわち，すべての屋上小屋は，取り壊しの対象になりうるが，政府（＝主に「住宅局 Building Department」）は，ダブルスタンダードをもっているようである．このダブルスタンダードは，屋上小屋が増築される建物の特徴に関係している．つまり，古い共同住宅では，多くの場合は1つの階段しかなく，火事が起こると他に逃げ道がないため，安全面で立ち退きの対象となっている．さらに，こうした建物の多くは，屋上小屋自体も劣悪な資材（ベニヤ板，トタンなど）で作られており，質がきわめて低いため，火災のほか，雨漏りや嵐などによる崩壊の危険性もきわめて高い．一方，2つ以上の階段がある（比較的に新しい）中層建築物の場合は，立ち退きの対象とはなっていない．こうしたダブルスタンダードにより，一方で低家賃住宅のストックをある程度もち続けることができ，他方で，非常に危険性の高い屋上小屋を合法的に撤去することができるのである．

　建物に屋上小屋がある場合は，1棟に平均3〜6世帯が居住していることが多いが，なかには30世帯が居住するケースもある（Wu et al. 2008）．居住者の特徴としては，間仕切りアパートに比べ，3人以上の世帯が多いようである．そして，失業者，病人，高齢者，移民，公的扶助（＝「CCSA」）受給者の割合が圧倒的に高い．2008年時点で，居住者は3,962人で，そのうち単身者が32.1％，核家族が55.8％を占めているとされているが（Chui 2008），NGOや支援団体によると，実際の総数は1万人にのぼると報告されている（SoCO 2011）．

実際の生活面では，多くの居住者にとってエレベータがないことが最も困っていることである。特に高齢者は，10階建ての建物ともなると，昇降がむずかしく，自力では屋上から出ることができない場合もある。

間仕切りアパート Subdivided Flats

最も手ごろな低家賃住宅であるが，生活スペース（面積）がきわめて狭い。その極端な例は，単身者に最低限の生活スペースを提供する「ケージホーム（籠屋）Cage home」である。しかし，近年では，新たな間仕切りアパートが出現している（SoCO 2008; 2011）。以下，間仕切りアパートの各形態を取り上げるが，近年になって出現した「スイートルーム」，「棺部屋」，「工場アパート」の実態に関しては，暫定的な調査であることを強調しておきたい。ただし，これらの出現した背景に関しては，おわりにの節で考察する。

(1) キュビカル Cubicle

キュビカルは，そもそもインナーシティに集中しており（主に Yau Ma Tei 地域，Sham Shui Po 地域，Tai Kok Tsui 地域，Sai Ying Pun 地域，Kenndey Town 地域，Wan Chai，Shau 地域 Kei Wan 地域），戦後，工業ニュータウンの Kwun Tong 地域，Chueng Sha Wan 地域，Kowloon 地域，Tsuen Wan 地域にまで広がっていた。

このキュビカルの間仕切りには一般的にベニヤ板を使用することが多いため，「合板間仕切り部屋 Wooden Partitioned Room」ともいう。戦前，都市の発展とともに人口が増加し，こうした住宅形態がすでに一般化していたと考えられる。そのなかで最も多くみられるのは，2段ベッドが設置された，2人以上で生活しているケースである。また，空間の最も効率的な利用を図るため，ほとんどの場合，通路はきわめて狭い。なお，窓際の部屋が最も人気が高いため，その他の部屋の平均家賃に比べて約10％高い。電気代を抑えるためにエアコンはほとんど設置されておらず，夏には，室内温度が38度に上がることも多々ある。他にも，電線が壁の外側に張られている，コンセントが1つしかないなど，安全性はきわめて劣悪であり，火災発生の恐れが常にあるという居住環境となっている。

このキュビカルに居住しているのは，新移民世帯に加え，高齢世帯の割合が

比較的高い（SoCO 2011）。その多くの世帯は，公共賃貸住宅への入居資格をもってはいるが，入居申請をしない場合がほとんどである。公共賃貸住宅に入居する場合，公共賃貸住宅のほとんどが都心部から遠く離れた新界（New Territories）にあるため，今まで築いた社会的関係を失ったり都心部に隣接しているというインナーシティの利便性をあきらめなければならないためである。1991年時点で，居住者総数はおおよそ7万人と推測されており，当時の平均家賃の520香港ドルは10年間で倍増した（Wu *et al.* 2008）。

(2) ベッドスペースアパート Bedspace Apartment（Cage Home）

前述したように，ベッドスペースアパートは，通称「ケージホーム（籠屋）Cage home」とも呼ばれる。その最大の特徴は，寝るスペースしかないことであり，ベッドスペースは，貴重品を守るため，またプライバシーやベッドの周りのスペースを有効利用するために，動物のおりのように鉄の網で囲われている。

この居住形態における宿泊者の生活実態に関する研究のなかでも Blundell (1993) によるものが，最も代表的であろう。彼によると，「ベッドスペースアパートは，主に（低賃金）就労機会の多い港湾と工業地区に隣接している都市部にみられる。こうした地域は Mong Kok 地域，Yau Ma Tei 地域，Tai Kok Tsui 地域，Sham Shui Po 地域，To Kwa Wan 地域，Kowloon 地域である」(Blundell 1993, 38)。さらに，「これに加え，こうした（住工商混在地区である）地域では，日常生活を支えるための施設，たとえば，マーケットや屋台街があり，交通の利便性も高い」（Blundell 1993, 4）。なお，「同じ建物でも，こうしたものが混在しており，住環境の面では，健康や安全に関する問題が多い」。キュビカルと同様，トイレやキッチンが共用で（平均して20人につき1か所），衛生水準はきわめて低い。

ベッドスペースの面積は平均1.4㎡であり，最大3.4㎡から最小1.0㎡までのものがある。1991年時点で，平均家賃は約280香港ドルであり，これは2010年現在の平均家賃の3分の1に相当する。宿泊者の平均年齢は55歳であり，うち90％は男性である。平均収入は2,400香港ドルであり，仕事内容の内訳は，製造業従事者23％，レストラン従業員20％，警備員17％，建設業17％であった（SoCO 2011）。

(3) スイートルーム Suite Room（Self-contained Room）

　上述したように，低家賃住宅では安全性が緊急の課題となっている。こうした安全性をめぐるトラブルに起因し，近年出現した「スイートルーム」の実態が注目を浴びるようになった（たとえば，Hui 2011）。スイートルームは，2000年以降に新たな間仕切りアパートの形態として出現した。キュビカルと異なるのは，部屋にはトイレがあり，さらにほとんどの場合キッチンも設置されていることである。[*3]

　このスイートルームについては，実態に関する研究はまだほとんど行われておらず，ようやくつい最近，調査が始められたところである。そのなかでSham Shui Po 区議会（Sham Shui Po District Council Transport and Housing 2011）による調査結果を取り上げたい。この調査は，インナーシティを代表するSham Shui Po 地域でスイートルームに居住している100世帯の聞き取りに基づき，居住者の特徴を明らかにしようとした試みであった。その結果，65％は既婚世帯，単身者世帯は20％であり，世帯総数の50％は7年未満の滞在となっていることがわかった。各部屋にはトイレがあり，キッチンについては50％程度が設置されている。入居理由としては，65％が「安価な家賃のため」，50％は「職場が近いため」と回答している。入居経路は，65％が不動産屋を通じてである。60％は，公共賃貸住宅への入居を申請中であり，順番待ちリストに載っている。65％は他の居住者との交流はなく，70％はローカルなマーケットを利用している。22％は CSSA 受給者であり，就労者に関しては，40％以上のものが臨時雇用となっている。平均収入は7,000香港ドルである。

　最後に，この調査は，スイートルームが増加した背景に関して，「2000年以降，長引く不況と低家賃住宅への需要の高まりが，このような間仕切りアパートの増加を引き起こした」と指摘する。こうした間仕切りアパートが古い（1960年代に建てられた）民間賃貸住宅に集中しているのは，これらの建物が，その構造上，仕切ることが比較的に容易であることに加え，政府の管理が行きとどかないためであると指摘されている。このような問題は，2000年代後半に建物の崩壊事件が相次いだことにより，社会問題へと発展しており，今後さらに注目を浴びるであろう。しかしこのスイートルームは，雨漏り，漏電，犯罪といった問題点を多く抱えているものの，草の根住民（多くの場合低所得者）に

とって重要な住宅資源となっている。

(4) 棺部屋 Coffin Room

上述したように，低家賃住宅への需要が高いなかで，アパートを間仕切りし，転貸するケースが近年増加する傾向にあるが，その極限は「棺部屋」である。この住宅形態の特徴は，ケージホームと同様に，寝るスペースしかないというその狭さであろう。作り方は間仕切り部屋をさらに間仕切りするというものである（Li 2011）。

その大半は，1室の間仕切り部屋がさらに2つに仕切られ，それぞれのスペースのなかに，日本のカプセルホテルのように，何段かのカプセルが設けられている。なお，カプセルは3段式の場合が多いため，ベッドスペースアパート条例に違反していると思われる。ただし，宿泊者以外のアクセスが困難であり，その実態はまだ明らかになっていない。したがって，宿泊者の特徴についても，いまだ不明な部分が多いが，ケージホーム宿泊者に類似していると推測される[*4]。

(5) 工場アパート Factory Flat

最後に「工場アパート」を取り上げたい。この住宅形態は，1950年代に建設された古い工業地区である Kwun Tong 地域や Tai Kok Tsui 地域に集中しており，「棺部屋」と同様に，近年になって生じてきたものである（SoCO 2011）。香港の脱工業化の影響で，こうした工業地区は衰退し，放置されている工業団地も多く存在しており，もともと工業活動のために建てられた建物が，住宅として利用され始めているのである。この工場部屋は，単位面積あたりの家賃が最も安価な間仕切りアパートとなっている（Ngo 2011）。しかし，安全性の面では，最も危険度が高いと思われる（Ngo 2011）。古い工場団地にある工場アパートは，非常に老朽化しており，スイートルームとは異なり，間仕切りした場合に，照明やエアコン用の電線が外壁に張られていることから，その結果，火事となるケースも増加しているのである（Hui 2011）。

なお，他の間仕切りアパートと比較すると，こうした住宅では，2人以上の世帯が多く，そのほとんどが新移民であり，公共賃貸住宅への入居申請中の人びとも多く居住している（Ngo 2011）。

おわりに——住宅困窮状態の実態に関する一考察

　各々の低家賃住宅における住宅困窮の形態を時系列でまとめると，まずキュビカルという間仕切り部屋が，戦前から一般的な低家賃住宅の住宅形態であったといえよう。第二次世界大戦以降，この住宅形態は，香港の都市化と移民・難民の流入による急激な人口増加に伴って拡大した。1人あたりの生活空間の縮小も，人口過密問題のなかで生じた住宅困窮のひとつの形態であり，解決しないまま現在に至っている。1980年代以降減少していく安価な民間賃貸住宅とともに，キュビカルも激減したと思われるが，都市部の古い建物には依然として残っているところもある。こうしたプロセスと同時に，屋上小屋とケージホームも出現した。特にケージホームは，工業地区と住工混在地区にみられ，中国大陸南部出身の出稼ぎ労働者を含む単身労働者向けの寮のような役割を果たしていた。いずれにせよ，キュビカル，屋上小屋，ケージホームの分布は，古い工業団地および初期の工業ニュータウンに隣接した都市部のインナーシティに集中しており，1950〜1970年代の間，製造業や港湾業に就労していた労働者世帯の主たる住宅形態となっていたのである。

　近年出現した棺部屋，工場アパート，スイートルームに関しても，同様の空間的分布がみられるが，その背景は異なっている。つまり，軽工業ベースの都市開発（都市化）に伴ったキュビカルを含む住宅空間の発展過程とは異なり，こうした新たな住宅困窮の形態は，サービス・金融業を基盤とした都市の空間構造のコンテクストのなかで発展してきたのである。そもそもインナーシティに集中する民間賃貸住宅が減少しているなかで，再開発が進み，既存の低家賃住宅ストックに対する圧力が高まったため，新たな住宅困窮が生じたと考えられる。一方で，こうした住宅困窮の傾向は，従来どおり「新移民」の流入とも関係している。現在，主に家族や姻戚関係を頼って香港へ移住してくる「新移民」は，そのほとんどが職業的スキルも公共賃貸住宅入居資格ももっていない。そのため，未熟練単身者と同様に，低賃金労働（雑業）へアクセスしやすいインナーシティに居住することを望んでいる。しかし，サービス・金融業が求める更なる資本蓄積のための都心部（CBD）の拡大が，再開発のプレッ

シャーを高め，既存の住宅の縮小と，新たな住宅困窮を生んでいるのである。

このように，都心部の拡大を目的とした再開発に起因して，低家賃住宅の平均家賃も高騰しつつある。SoCO（2011）の調査によると，2010年現在，低家賃住宅における1㎡あたりの家賃は，高級マンションとほぼ同じ金額にまで高騰している。したがって，低家賃住宅居住者の収入に占める家賃の割合も高くなっており，40％を占める場合も多々みられる。

住宅困窮者に対し住宅支援を行っている支援組織は，大きなジレンマに直面しているようである。古い形態の低家賃住宅にせよ新しい低家賃住宅にせよ，家賃が手ごろでアクセスの容易な住宅であるため，低所得者への住宅支援にとって重要な資源となっているからである。しかし，ほとんどは質的に不良な住宅であり，自立後の生活を維持できる住環境であるとはけっしていえないのも現実である。低質ではあるが重要な住宅資源である，低家賃住宅対策に今後どのように取り組んでいくかが重要な課題である。今後，低家賃民間賃貸住宅が比較的に数多く残っており，かつ，低所得労働者，CSSA受給者，高齢単身，移民世帯（エスニックマイノリティを含め）の受け皿になっているインナーシティの社会関係資本をいっそう効率的に活用していくことが求められる。

* 1　1970〜1980年代から香港の製造業は厳しい国際競争のなか衰退し始め，特に中国大陸による門戸開放政策の影響で，徐々に香港の製造業関連工場が地価や賃金が比較的に低い中国（広東）へ移転した。その結果，香港は自らの経済基盤を製造業からサービス・金融業へと転換し，都心部の埋め立て事業とインナーシティでの再開発事業を通じ，「グローバル都市」を目指してCBDの拡大を図っている。詳しくは，Chiu *et al.*（2004; 2009）を参照。
* 2　La Grange *et al.*（2002b）が指摘するように，1982〜2000年では民間住宅全戸数は60％の増加を示したのに対し，民間賃貸住宅戸数は10％ほど減少した（賃貸戸数とその住宅全体を占める割合の変化について図表9-1も参照）。
* 3　日本でいう「1K」や「1R」にあてはまるが，間仕切りされている。
* 4　宿泊者の特徴についてLi（2011）は，①中国大陸からの単身出稼ぎ，②ギャンブル中毒，③CSSA受給者，あるいは不法入国労働者をあげているが，これはあくまで推測である。

▼参考文献

閻和平（2001）『香港経済研究序説——植民地制度下の自由放任主義政策』御茶の水書房
コルナトウスキ，ヒェラルド（2010）「香港におけるホームレス支援」『ホームレスと社会』第3号，70-79
Adams, D. & Hastings, E. M. (2001) "Urban Renewal in Hong Kong: Transition from Development Corporation to Renewal Authority," *Land Use Policy*, 18, 245-258
Blundell, C. (1993) *Hong Kong's Hidden Homeless : Street Sleepers and Cage House Men*, Department of Public and Social Administration, Faculty of Humanities and Social Sciences,

City Polytechnic of Hong Kong
Cheung, S. K. (2000) "Speaking Out: Days in the Lives of Three Hong Kong Cage Dwellers," *Positions*, 8(1), 235-262
Chiu, S. W. K. & Lui, T. L. (2004) "Testing the Global City-Social Polarization Thesis: Hong Kong since the 1990s", *Urban Studies*, 41 (10), 1863-1888
Chiu, S. W. K. & Lui, T. L. (2009) *Hong Kong: Becoming a Chinese Global City*, Routledge
Chui, E. (2008) "Rooftop Housing in Housing: an Introduction," in Wu R. & Canham S., *Portraits from Above : Hong Kong's Informal Rooftop Communities*, Peperoni Books
Forrest, R., La Grange, A., Yip, N. M. (2004) "Hong Kong as Global City? Social Distance and Social Differentiation," *Urban Studies*, 41 (1), 207-227
Hong Kong Census and Statistics Department (2006) *Population and Household Statistics Analysed by District Council District*, Hong Kong
Hong Kong Population Census (1991; 2001; 2006)
Hui, P. (2011) "Hong Kong Faces Renewed Pressure over its Housing: Fatal Tenement Fire Highlights Dire Conditions as High Costs Force City's Poor into Subdivided Apartments," *The Wall Street Journal*, July 20. URL: www.WSJ.com.
Keung, J. (1985) "State Intervention and Housing Policy in Hong Kong," *Third World Planning Review*, 7(1), 23-44
La Grange, A. & Lock, B. Y. (2002a) "Poverty and Single Elders in Hong Kong," *Aging & Society*, 22, 233-257
La Grange, A. & Pretorius, F. (2002b) "Private Rental Housing in Hong Kong," *Housing Studies*, 17 (5), 721-740
La Grange, A. (2010) "Redevelopment in an Inner City Neighbourhood of Hong Kong," Urban Dynamics and Housing Change : Crossing into the 2nd Decade of the 3rd Millenium, 22nd International Housing Research Conference, 4-7 July, Istanbul, Turkey
Law, K. Y. & Lee, K. M. (2006) "Citizenship, Economy and Social Exclusion of Mainland Chinese Immigrants in Hong Kong," *Journal of Contemporary Asia*, 36 (2), 217-242
Li, H. (2011) ""Coffin": The Dwelling Narrowness of the HK poor," China News, July 4. URL: www.ecns.cn.
Newendorp, N. D. (2008) *Uneasy Reunions: Immigration, Citizenship, and Family Life in post-1997 Hong Kong*, Stanford University Press
Ngo, J. (2011) "Boom in Illegal Factory Flats," South China Morning Post, July 27. URL: www.scmp.com.
Sham Shui Po District Council Transport and Housing Affairs Committee (2011) *Old Buildings Featuring Suite Rooms in Sham Shui Po* (『深水埗區舊樓套房專題研究』), Hong Kong University Sau Po Centre on Ageing and Policy
SoCO (2008) *Survey Report on Cagehomes in Hong Kong* (『香港籠屋調査報告』)
SoCO (2011) *Survery Report on Sub-divided Apartments* (『2011年基層房屋租金研究報告』)
Stern, R. (2003) "Hong Kong Haze: Air Pollution as a Social Class Issue," *Asian Survey*, 43 (5), 780-800
Wu, R. & Canham, S. (2008) *Portraits from Above : Hong Kong's Informal Rooftop Communities*, Peperoni Books
Yip, N.M. & La Grange, A. (2006) "Globalization, De-industrialization and Hong Kong's Private Rental Sector," *Habitat International*, 30, 996-1006

10 包摂都市に向けた日本の実践
――社会的不利地域における包摂型地域再生

池谷 啓介（Ⅰ）・西上 孔雄（Ⅱ）・鄭 栄鎭（Ⅲ）

Ⅰ 公営住宅の現状とまちづくり活動

公営住宅の現状

日本の公営住宅ストックは200万戸を超え，全住宅数の約4.2％程度である。公営住宅の入居希望者は多く，応募倍率は都市圏を中心に高水準で需要が高い状況である。既存の公営住宅では，高齢化やつながりの希薄化による地域力の停滞が社会的課題として顕在化している。孤独死の問題や生活困窮者の集積など公営住宅が抱える課題は，社会の縮図ともいえる再ブライト化が進行しているといわざるをえない。また，老朽化による建替工事や大規模改修などハードの更新も伴い関係性の再構築や更なる高齢化等の課題もみえる。

公営住宅を含む地域では，地域力が低下し活動の停滞や関係性の希薄化が進む一方，地域団体を中心とした福祉活動や公営住宅だけの問題ととらえずに地域を包含した取り組みを展開するグループや法人も各地域に出現している。地方自治法の改正後，公営住宅の指定管理制度導入も進み多くの自治体で活用がスタートし成果や課題が徐々にみえてきた。

本節では，大阪府箕面市を題材に市営住宅を含むコミュニティの活動を報告したい。

箕面市における公営改良住宅

箕面市には現在445戸の市営住宅が管理運営されている。そのうち民間借上げ公営住宅が78戸（17.5％），単独住宅が60戸（13.5％），一般公営住宅が307戸，（69.0％）である。一般公営住宅は1964～1994年までに建設された。特に小集落改良事業を活用したインプルーブメント型の公営・改良住宅が174戸供給されている。これら同和地区の公営・改良住宅は2002年3月の同和対策特別措置法

失効まで同和地区の環境改善のための住宅施策として活用され，貧困地域（社会的不利地域）での居住確保という面で生活基盤安定の中心的役割を果たしてきた。私の所属するNPO法人が活動の拠点とする市営北芝住宅を含む市中央部にある北芝地区では，様々な活動が展開され地域活動や地域福祉の観点で注目を浴びている。

　北芝地区には126戸の市営住宅が1971～1992年までに建設され居住福祉の役割を果たしてきた。竣工当初から1990年代までは特に地区住民にとって居住安定が直接生活安定につながったといえる。もともと長屋に居住していた入居者が多く，団地への住み替え以降も廊下型低層住宅が隣近所のつながりを継続して支えた。日常的に近所の世帯がお互いの子どもの面倒や，食材の貸し借りが行われ，玄関は一日中開いている世帯がほとんどであった。状況が変わるのは，応能応益家賃制度の導入も相まって2000年代に入り収入が向上した稼働世帯が団地から流出し，生活に困窮する世帯の流入が進んだ時期である。団地コミュニティの地域力が著しく低下する時期である。2013年10月には，指定管理者制度が導入され民間管理会社の管理が開始され新たな展開が進められている。

公営住宅を含む地域コミュニティ活動

　北芝地区では，団地コミュニティを含む200世帯程度が自治会単位となる地域で，市営住宅入居者も戸建住宅に住む住民も一体的に地域福祉活動を展開している。地域には隣保館を含む公的施設や地元NPOが運営する拠点等が点在し，多様性のある居場所を運営している。また，拠点にとらわれず活動を担う多様なグループが存在する。ボランティアグループ「がってんだ」，高齢者ワーカーズコレクティブ「まかさん会」，若者の活躍の場「なんかしたいんジャー」など。

　若者の活躍の場「なんかしたいんジャー」は，市営北芝住宅の集会所を拠点に始まった住民の困りごとを，社会参加の機会が少ない若者のパワーを使って解決する取り組み「なんでもやったるDAY」を展開する。高齢化，独居化した市営住宅では，高齢者や困難を抱えた世帯が，日常生活で必要な住宅内の整理や簡単なメンテンンス等ができずに困っているケースが多くみられる。それ

を若者のグループが解決してくれるしくみである。いらなくなった家具の処分や，ベランダの掃除，網戸やカーペットの張り替え，電球の交換や買い物代行等。地域の高齢者見守りシステムと共同して取り組んでいる。

その他にも，相互扶助で行う送迎サービス「萱野てくしー」や地域共済サービス地域みまもり券，子育て応援券を活用した地域参加促進の取り組みも10年近く進めてきた。団地の空き地を活用したグループ農園事業は，3年目に突入し10ほどのグループが農園活動を展開している。この共同農園活動は，指定管理者制度が導入されたことにより，まちづくり協議会が指定管理者に空き地の活用申請を行って実現した取り組みでもある。

これらの取り組みは，箕面市市営住宅あり方検討会（2008年度）での報告書にも引用され，他の団地にこれらの取り組みが推進されることを検討するよう答申された。

写真10-1　若者が団地に住む高齢者の生活支援を実施「なんかしたいんジャー」
撮影：NPO法人暮らしづくりネットワーク北芝

パーソナルサポートから生活困窮者支援

生活困窮者自立支援法が2015年4月から施行され，全国の地方自治体に生活相談窓口が設置された。箕面市では，2011年5月よりモデル事業という形でパーソナルサポートを実施してきた。全国的にも少数ではあるがNPO法人が中心になって生活困窮者支援を進めている。2015年度から社会福祉協議会とNPO法人暮らしづくりネットワーク北芝が共同で自立支援，就労準備支援，家計相談を実施し学習支援を別のNPO法人が行っている。もともと市営住宅を含む北芝地区で隣保事業として総合生活相談を展開していたNPOが自然と活動範囲を全市的に拡げたことがこの事業の成り立ちである。これまでの地域

福祉活動の限界が社会の隙間となって,気づかぬうちにセーフティネットの網が綻んでいた。地域住民同士が支え合うしくみがもう少しできないか,専門家にはできない地域住民のできることを拡げていこう,という感覚かもしれない。

コレクティブタウン北芝を目指して

　北芝が進めてきたまちづくりが「コレクティブタウン北芝」に向かっていると評価するにはまだ早いが,2010年に内田雄造氏が残した論文に北芝が緩やかな協働と穏やか関係性で,互いに支え合うまちを目指していることが示され,5年が経過した。コレクティブタウンの要素をいくつかあげてみよう。

① 顔の見える関係性を強制的な場面で構築しなくてもつくりだす場が存在する→参加しないといけないと感じずに楽しく地域活動に参加できている人がいる

② 「あの人大丈夫かな?」と感じる関係性を地域がささえている→隣の高齢世帯が気になったら,連絡できるところがある

③ 幸せを共有できる居場所が複数箇所ある→美味しいものを一緒に食べる場がある

④ いつまでも,この地域に住み続けたいと言える場がある→たとえば認知症の症状がみられる高齢者がひとりで住み続けたいと老人センターで言える

⑤ 退職した人(特に男性)が,自然と参加できる地域活動がある→若者支援の場に,地域のおっちゃんが「手伝ったろうか」と来ることができる

　このように,市営北芝住宅を含む北芝地区では住民主体で支え合うことのできる地域づくりをチャレンジ型で推進している。ここ数年,地域包括ケアシステムの実現に向けた発信が多

写真10-2　「なんでもやったるDAY」には若者の活動に地域のおっちゃんも一緒に活動

撮影:写真10-1に同じ

くみられるが，北芝の取り組みは地域包括ケアの要素を多く含んでいるといえる。「コレクティブタウン北芝」が包摂都市の一事例として，その理念がさらに拡がることを期待している。

II 泉北ほっとけないネットワーク
——地域の空きを共有しコミュニティサービスを展開する

泉北ニュータウンの概要

　大阪府南部に位置する泉北ニュータウンは，1967年に入居が始まり今年で48年目を迎える。開発当初は，宅地募集の応募に申し込みが殺到し大変な人気だったようである。しかし，1992年の16万4千人をピークに2014年3月では13万2千人と人口減少が進んでいる。また最近では，街として少子高齢化・若年層の転出，公共施設の老朽化，近隣センターの機能低下，空き家問題など多くの課題を抱えている。

泉北ニュータウンが抱える課題

(1) 人口減少と少子高齢化

　泉北ニュータウンの人口は，上述したように，1992年の16万4千人をピークに，2014年3月末時点では13万2千人にまで減少している。開発当初に入居した世代は，入居開始から45年以上経過し，一定期間に大量入居したため世代層が偏っており，特に居住者のうち最も多いのが団塊の世代であり，今後一斉に後期高齢期を迎える。また若干だが75歳以上の高齢者の転入が転出を上回っており，少子高齢化が加速している。

(2) 都市基盤の老朽化

　道路，公園等の都市基盤や公共施設はもともと計画的に整備されたものであるが，45年以上経過し，老朽化が進んでいる。大量に供給された半数以上の公的賃貸住宅も建設後45年以上経過し，老朽化が進み，バリアフリー対応の不足や耐震化の問題，設備や間取り等の古さなどから，居住者のニーズに対応できなくなっている。

(3) 近隣センターの機能低下による買い物難民

　泉北ニュータウン内の近隣センターでは，スーパーなどの撤退などもあり，

図表10-1　泉北ニュータウン

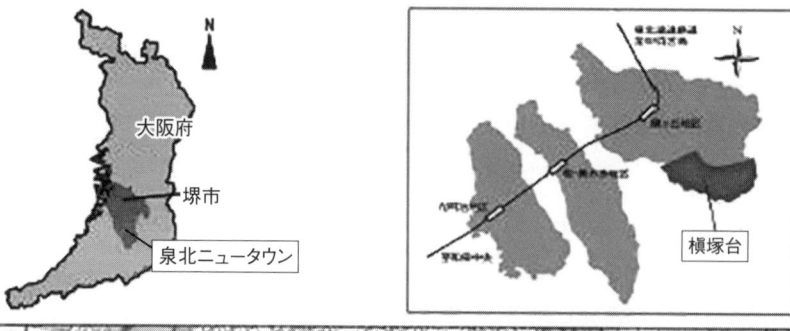

出所：平成22年泉北ほっとけないネットワークパンフレット

商業機能が著しく低下し，医療福祉などのサービス機能が多くなる傾向にある。近隣センターはもともと日用品・生鮮食料品を居住者が徒歩で買い物することを想定して開発されていたものである。車社会による生活スタイルの変化に伴い，郊外に大型ショッピングセンターの進出が進んだことや利用者ニーズの多様化が影響して，2008年3月時点での各近隣センターの空き店舗率は14.6％となっている。交通弱者といわれる車の運転ができない高齢者が徒歩圏内で買い物ができないなど，買い物難民問題が発生している。

(4) 同じ泉北ニュータウン内でも住区によって異なる課題

　駅に近いエリアと遠いエリアでは，同じニュータウン内でも抱える課題が異なってきている。駅に近いエリアでは，大阪府等の所有する公共用地が民間に売却され，そこに分譲マンションが建ち，若い世代が多く入居している。そのため高齢化率が低く小学校の空き教室も少ない。一方，駅から遠いエリアでは，少子化が進み小学校の空き教室が多くなっている。2013年の統計で，高齢化率をみると，駅に近いエリアで最も低いところで22.3％，それに対し，駅から遠いエリアで最も高いところで37.0％（泉北ニュータウン平均28.6％）となっている。

　駅から近いエリアと駅から遠いエリアでは抱える課題が異なっている。2011年の資料によると空き家率は，駅に近くて空き家が最も少ない府営住宅が2.5％，駅から遠くて空き家が最も多い府営住宅が24.0％（泉北ニュータウン平均12.3％）となっている。

　同じ泉北ニュータウン内の高齢化率と空き家率の関連をみると次のようにまとめられる。

　駅に近いエリアでは高齢化率もそれほど高くなく空き家率も多くない。また近隣センターに店舗がなくても，駅前の商店で日用品の買い物ができるため，あまり大きな課題は抱えていない。しかし，駅から遠いエリアでは，少子高齢化，空き家の増加，近隣センターの衰退等による買い物難民など，多くの課題を抱えている。

(5) 超高齢化社会に順応できないニュータウン

　高齢化が進む泉北ニュータウンでは，超高齢社会に対応できなくなっている。開発当時にすべてのエリアで区画整備を行ったために，時代の流れに対応できる余剰地がまったくないことが現在抱える最大の課題である。

　高齢者は，在宅介護ができなくなった場合，高齢者施設に入居することになるが，周辺の特別養護老人ホームや老人保健施設はすでに何百人もの入居待機者がおり，生きているうちに入居できるかどうかもわからない状態である。

　在宅と施設の中間的な住まいとして，国の指針により「サービス付き高齢者住宅（以下，「サ高住」という）」の建設が全国で進んでいるが，泉北ニュータウン内にはサ高住を建てる余剰地がない。ニュータウン内で一般に流通している

土地は第一種低層住居専用地域の土地のみなので，1区画あたりの土地面積も限られている。さらに高さ制限等からも，この用途地域にサ高住を建設するのは不可能といえる。また，ニュータウンの外側エリアは市街化調整区域であり，農業従事者以外の住宅は建設できず，現在，泉北ニュータン内にあるサ高住は，例外的な土地（市街化地域と市街化調整区域の狭間に残っていた土地）にある1棟31戸のみである。これは泉北ニュータウンの高齢者人口の0.07％にあたる。一方，隣の区では高齢者人口の1.56％にあたる505戸がすでに登録されている。これは国の目標を十分に満たしており，逆に過剰気味になっているといえる。

(6) 高齢者向け住居の課題

こうした現状では，泉北ニュータウンの高齢者が在宅生活ができなくなり，サ高住への移住を望んでも，区外に転居するしか選択肢がない。若年層の転出に加え高齢者が区外に転出するとなれば，人口の減少に拍車をかけることになる。

さらに超高齢社会により在宅介護の需要が増えると，デイサービス・介護事業所・グループホーム等の出店が必要になるが，泉北ニュータウン内には，これらの事業者が出店できる場所が少ない。唯一出店可能な場所が近隣センターの空き店舗で，それ以外では，第一種低層住居専用地域内の空き家を改修してデイサービスを行っている事業所もある。しかし，近隣住民の同意や耐震基準の問題等で，ほとんど出店できていないのが現状である。このように泉北ニュータウンには高齢者にかかわる事業を開始できる余剰地がまったくなく，超高齢社会に順応できていない状況といえる。

エイジングインプレイス・福祉コンバージョンの取り組み

泉北ニュータウン内の住民アンケートによると，70％以上の人が，ここに死ぬまで住み続けたいと思っていることがわかった。すでに40年以上の人生の過半といえる時を過ごしてきた団塊世代の住民にとって，泉北ニュータウンは第二の故郷であり，終の住処と思っているのである。10年後には高齢化率が40％を超えるとも予測されている泉北ニュータウン。地域にある介護施設の入居待ちが増え続けている一方，府営住宅等の公的賃貸住宅の空き家がどんどん増え

図表10-2　泉北ほっとけないネットワークの取り組み

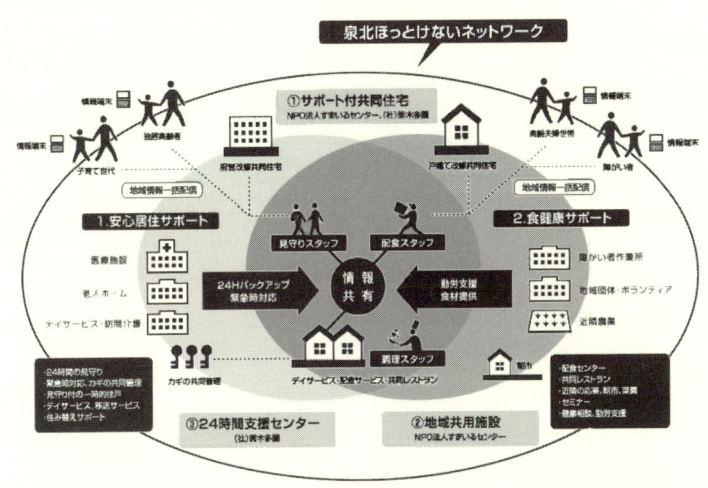

出所：図表10-1に同じ

写真10-3　高齢者支援住宅

大阪府営住宅　空き家改修事例
出所：筆者撮影

　続けている……このアンバランスな状態をなんとか改善できないだろうか？　そこで，駅から最も遠く高齢化率も最も高い第一期開発エリアで，地元自治会・NPO・近隣の大学・行政・高齢者にかかわる民間企業が，2010年度より，3つの空き家や空き店舗を活用した「泉北ほっとけないネットワーク新近隣住区論」という取り組みを開始したのである。

　取り組みのひとつ目は，府営の空き家を改修しショートスティ機能をもたせた高齢者支援住宅の開設（高齢者12名が宿泊可能）。この住居は，府営住宅の1部屋

10　包摂都市に向けた日本の実践　129

写真10-4　槇塚台レストラン

近隣センター　空き店舗改修事例
出所：筆者撮影

（2DK45㎡タイプ）を2人ずつ入居できるように改修し，1泊から利用可能な見守り付き支援住宅として開設している（介護保険の有無に関係なく60歳以上であれば入居可能）。

2つ目は，戸建ての空き家を改修し，高齢者向けのシェア住宅を開設（高齢者4名が入居可能）。築40年の空き家住宅を寄宿舎に用途変更し，耐震改修も行い，入居者が同じコミュニティを共有できるよう庭には家庭菜園スペースを設置。

3つ目は，近隣センターの空き店舗を活用して高齢者向けの配食サービスとコミュニティレストランを開設した。校区福祉委員会や地域の子育て世帯の人びとが単身高齢者の見守りをかねて有償ボランティアとして配食のお弁当を届けている。

これら3つの既存ストックを活かした福祉コンバージョンの拠点を中心に，現状では十分に活用されていない空き家・空き店舗を地域の「空き」としてとらえ，地域で共有し，地域の様々な団体が集まり「泉北ほっとけないネットワーク」を立ち上げ，民学産官による協議会を設けている。地域住民の共助による活動で，住みなれた環境でいつまでも住み続けることができるようなネットワークを構築し，地域の高齢者を皆で支え合う様々なコミュニティサービスを展開している。10年後，この街がオールドタウンと呼ばれるか，新たなニュータウンに生まれ変われるか，それは住民主体の取り組みにかかっているといえよう。

Ⅲ　都市における「外国人」の受容過程──八尾市の事例から

　本節で事例とする八尾市は大阪府東部に位置する。1948年に市制が施行され、のちに幾度かの合併を経て現在の市域（41.72km²）が確定している。2015年3月末の外国人住民数は6,662人、総人口26万9,068人に占める割合は2.47％であり、全国平均よりも高率となっている。[*1]

　八尾市は市内で暮らす「外国人」を、「八尾市に居住する市民であり、積極的に市政に関与してもらいたいという意図」から「外国人市民」と表現している。[*2]同市で暮らす人びとは国籍を問わず市民であるとしており、ここでいう「市民」は「住民」と同意であろう。八尾市行政にとって「外国人」とは市を構成する一員であり、かつ、市に暮らす人びととする認知がみられる。

　しかし、後述するが、八尾市で国籍の異なる「外国人」が住民として受容されたといえるのは1980年代以降のことである。では、どのような過程を経て「外国人」は住民として受容されたのか、八尾市の事例をみていきたい。

八尾市と「外国人」

　八尾市の前身、龍華町の安中では1933年時に「朝鮮人82戸数123人」の報告があり、[*3]同時期の同地域には「西の朝鮮街」と呼ばれる集落があったともいう。[*4]1948年時の大阪府統計では八尾市の外国人数は1,686人、前年の総人口6万3,935人に対する比率は2.43％で、2015年とほぼ同率である。[*5]つまり、八尾市には「外国人」が多数居住していた古くからの歴史がある。

　「外国人」の多様化が進む現在の日本とは異なり、1948年時の「外国人」とはほぼ在日朝鮮人であったといっても過言ではなく、[*6]それは日本の植民地支配を契機として日本に渡ってきた人びとやその子たちである。当時の在日朝鮮人は「日本人」でもあったが、1952年4月28日のサンフランシスコ講和条約発効以降、生まれた場所を問わずして法的に「外国人」としてあつかわれることとなった。のちに「外国人」を住民として受容させるべく展開された運動は、このような経緯で「外国人」となった在日朝鮮人とその子らが中心となったものである。

10　包摂都市に向けた日本の実践　131

八尾市における外国人施策

八尾市では大阪府下自治体で最もはやく，1979年に市一般行政職員採用試験受験資格の外国籍者への門戸開放（国籍条項撤廃）を行っている。以降，1982年には，国民年金法および児童手当に関する3法の国籍条項が撤廃されるのに先駆け，市単費による暫定的措置を実施し，同年には「在日外国人教育研究実践資料」を発行している。[*7] 1983年の「在日外国人教育振興経費」の措置，1987年の「ベトナム人児童・生徒」「中国引き揚げ児童・生徒」を対象とした「言語活動にかかる特別指導の事業要綱」策定や，1990年の「在日外国人教育基本指針」策定など，「外国人」に対する施策が執り行われ始めたのは主に1980年代以降である。これらからみれば，同時期ごろから八尾市が「外国人」を住民として受容していったと考えられる。

八尾市は2003年に策定した「八尾市国際化施策推進基本指針」上で，上述のような施策化の経緯について，「行政，市民運動，外国人コミュニティの連携によって」行われてきたとして，それによって「先進的自治体としての評価」を得てきたとしている。さらに「国の法律，制度が改正されたり，他の自治体のモデルとなるような先進的事業を実現」してきたともいい，「これらの成果は，八尾市が日本全国に情報発信してきた誇りある八尾市民共有の財産」だとする肯定的評価をもしている。[*8]

しかしながら，後述するが，より正確を期すならば，「行政」「市民運動」「外国人コミュニティ」三者の「連携」というよりも，「市民運動」「外国人コミュニティ」の「要望」「要求」によるものと表現したほうがふさわしい。「外国人」が住民として受容される過程では，先にふれた在日朝鮮人を中心とした運動が果たした役割はけっして少なくなく，重要なファクターであった。

八尾市における「外国人」の住民運動

先述の市一般行政職員採用試験受験資格の国籍条項撤廃は，それを目的とした住民運動からの幾度もの要望と交渉に基づき行われたものであり，八尾市が運動に先立って独自の判断で行ったものではない。当時の運動のチラシには市の幹部職員の発言が紹介されている。「日本国憲法の基本的人権は，外国人には関係ない」「外国人が公務員になると住民の利益がそこなわれる」「外国人は

住民のうちにはいらない」[*9]。この文言からは，市が「外国人」を住民として認知していなかったことが存分に理解できるが，逆にいえば，「外国人」を住民としていかに認知させるかが運動の課題であったのである。

これら運動を主に担ったのは，「トッカビ子ども会（現・トッカビ。以下，「トッカビ」とする）」である[*10]。トッカビは1974年に八尾市内の在日朝鮮人集住地で在日朝鮮人を中心として発足し，在日朝鮮人差別の撤廃と在日朝鮮人教育に取り組んだ団体である。

トッカビの発足間もない時期のチラシには，在日朝鮮人の子どもの多くが日本の学校で学び，自分たちの民族の歴史や言葉をまったく知らないまま育つことや，差別を原因としてその親たちも厳しい状況におかれているともあり，それらが在日朝鮮人としての民族的アイデンティティの否定や自己を卑下する要因だとしている[*11]。

このような在日朝鮮人の子どもはいわずもがな日本生まれであるが，一方では「外国人」でもあり，「外国人」であるがゆえに差別，疎外される状況があった。トッカビは在日朝鮮人が直面する差別に抗うために，「外国人」であっても安心して暮らすことのできるよう，教育と運動を通した社会変革に取り組んでいった。そのひとつが先述の市職員採用試験での国籍条項撤廃を求めたものである。運動当時，日本のほぼすべての地方自治体では，明文法がないにもかかわらず，一般行政職員の受験資格は日本国籍者にしか認めていなかった。また，行政とは民間を指導する立場にもあり，行政が率先して「外国人」差別を撤廃することの意味はきわめて大きい。そのような波及効果をも考えて取り組まれた運動であった。この八尾市での国籍条項撤廃について，朴一は，「やがて燎原の火のように広がる地方公務員の国籍条項撤廃運動の先駆けとなった」[*12]と指摘しており，他地域へあたえた影響も大きかったといえよう。

また，「在日外国人教育基本指針」は，数年にわたる要望と交渉，そして時には座り込み抗議を伴う運動のすえに，1990年に策定へと至っている。このような「外国人」に対する施策を行政に求めたのは，外国人「支援」を一過性にとどめないためである。「指針」の策定とは，いわば「外国人」に対する施策の根拠となる「法」が策定されることともいえる。このことで，「外国人」を対象とした公的事業が行われることとなり，事業の安定化と次代への継続化へ

10　包摂都市に向けた日本の実践　133

とつながるからであった。

　在日朝鮮人の多くは外国籍をもつ「外国人」であるが，一方では，歴史的経緯から日本で生まれた者が大多数を占めている。そのような「外国人」であるにもかかわらず，「外国人」とはいつかは「祖国」「母国」に帰る人とするのが一般的な認知だと思える。しかしながら，そのような人ばかりではなく，「外国人」といえども，地域に生まれ，暮らし続ける人が存在するとする「外国人」パラダイムの転換をトッカビの運動は図ったといえる。トッカビは，「外国人」をいつかは帰る人とする従来の一般的認知や建前的な論理でとらえた運動を展開したのではなく，地域で生まれ，暮らし続けてきた実態に基づく「外国人」観から運動を展開した。八尾市行政もそのような従来の一般的認知とは異なる「外国人」観を運動から突きつけられながらも，それを「外国人コミュニティ」や「市民運動」と共有したことにより，「外国人」が住民として受容されていったと考えられる。

おわりに

　本節は字数の関係から八尾市にフォーカスしてきたが，部落解放運動や，1970年代中旬以降からの神奈川県川崎市や大阪府高槻市など，日本の各地域での在日朝鮮人の住民運動などの影響などが多分にあったことも付記しておきたい。

　現在，八尾市では，国籍別にみれば，いわゆる「ニューカマー」である中国人やベトナム人などが増加し，一方では在日朝鮮人は減少傾向にあり，「外国人」の多国籍化，多様化が進行中である。

　市立施設の運営委員に「外国人」が就任していると聞くこともあり，また，「外国人市民会議」が設置されるなど，「外国人」の意見を聴く公の場が設けられており，「外国人」が住民として受容されているのは確かだと思われる。

　ただし，そのことと「外国人」が安心して暮らし続けることとは，けっして直結しないのは明らかであろう。「外国人」が安心して暮らすためにも，「外国人コミュニティ」「市民運動」と行政との連携は必要不可欠である。だが一方では，これまで培われてきた施策などを後退させないためにも，「外国人コミュニティ」「市民運動」と行政の一定の緊張関係も必要である。行政に対す

る「監視」は，けっして欠かすことのできないものだといえよう。

 ＊1 八尾市（2015），2015年11月20日アクセス。
 ＊2 八尾市（2009）。
 ＊3 大阪府警察部特別高等課「昭和8年度朝鮮人に関する統計表」，外村大（2007）所収。
 ＊4 部落解放同盟大阪府連合会・解放新聞社大阪支局（1982）。
 ＊5 大阪府（1950），2015年11月6日アクセス。
 ＊6 国籍にかかわりなく，旧植民地朝鮮出身者およびその子孫を「在日朝鮮人」と表記する。
 ＊7 現在の発行元は市の委託団体である「八尾市在日外国人教育研究会」が引き継いでいる。
 ＊8 八尾市（2003）。
 ＊9 安中支部差別国籍条項撤廃闘争委員会（1978）。
 ＊10 この八尾市一般行政職員採用試験の国籍条項撤廃運動では，トッカビだけでなく部落解放同盟支部や労働団体などが果たした役割も大きい。
 ＊11 トッカビ子ども会（1974）。
 ＊12 朴一（1999）。

▼参考文献

大阪府（1950）『昭和25年度大阪府統計年鑑』（http://www.pref.osaka.lg.jp/toukei/nenkan/）
外村大（2007）『在日朝鮮人社会の歴史学的研究——形成・構造・変容』緑蔭書房
トッカビ子ども会（1974）『トッカビニュース』No.1，トッカビ所蔵資料
朴一（1999）『〈在日〉という生き方——差異と平等のジレンマ』講談社
部落解放同盟大阪府連合会＝解放新聞社大阪支局編集（1982）『被差別部落に生きる朝鮮人』部落解放同盟大阪府連合会
八尾市（2003）『八尾市国際化施策推進基本指針』
八尾市（2009）「八尾市外国人市民情報提供システム調査報告書」
八尾市（2015）『八尾市統計書 2015年版』（http://www.city.yao.osaka.jp/0000031910.html）
安中支部差別国籍条項撤廃闘争委員会（1978）『願書も受け取らぬ八尾市！！』トッカビ所蔵資料

11 包摂都市に向けた韓国の実践
——社会住宅と包摂型居住支援

李 庭奎(Ⅰ)・徐 鍾均(Ⅱ)・金 美貞(Ⅲ)

Ⅰ 韓国のホームレス対策の変化と実態

露宿人福祉法の施行に伴う韓国のホームレス対策の変化

2011年7月に制定され,翌年6月から施行された「露宿人などの福祉及び自立支援に関する法律」(以下,「露宿人福祉法」とする)により,韓国のホームレス対策は大きく変わるものと期待された。政策対象の拡大,国家責任の明記,支援戦略の整備,支援施設の体系改編などが期待されたのである。

(1) 政策対象の拡大

「露宿人福祉法」は,従来の社会福祉事業法上の「浮浪人及び露宿人保護施設設置・運営規則」の定義よりも,広い定義を採用している。「露宿人福祉法上」のホームレスの定義は「相当な期間にわたり,一定の住居が無いまま生活する者」,「露宿人施設を利用した者,或は相当な期間にわたり露宿人施設で生活する者」,そして「相当な期間にわたり住居としての適切さが顕著に低いところで生活する者」となっており,路上生活者や施設に入所した者に加え,潜在的にホームレス状態となるリスクの高い者までを政策対象とする根拠となる。

(2) 国家責任の明記

「露宿人福祉法」には,ホームレス支援に対する国の責任が明記されており,ホームレス支援において各部署の連携や官民の協力が進むことが期待できる。特に,ホームレスに対する居住支援が明示された点が評価できる。以前は,法的な根拠がなかったことから,行政がホームレスに対する居住支援を後回しにする傾向があったが,法制定以降は,ホームレスあるいは住居を失うリスクの高い人びとに対する居住支援も円滑に行えるようになった。

(3) 支援施設の改編

「露宿人福祉法」の制定前は，社会福祉事業法の「浮浪人及び露宿人保護施設設置・運営規則」（2005年改定）に基づいて支援を行っていた。この法令は，対象の定義を「浮浪人」と「露宿人」に二元化して，管理体系も二元化（浮浪人の支援は国，露宿人の支援は自治体）した方式をとっていた。「露宿人福祉法」の制定に伴い二元化されていた支援体制は統合されたが，依然として行政にはかつての方針が残っている。

ホームレスの人びとの実態と支援

（1）韓国のホームレスの現況

　現行の露宿人福祉法はホームレスの人びとの実態に関する全国調査を5年ごとに実施することとしている。だが，先進国ではPIT方式（Point-in-Time Count）で毎年ホームレスの規模を確認しつつ，これに基づいた対策を行っている。しかし，韓国は2012年に民間主導で全国調査を実施して以降，PIT方式の全国調査を行っておらず，年度ごとにホームレスの人びとが集中する地域と

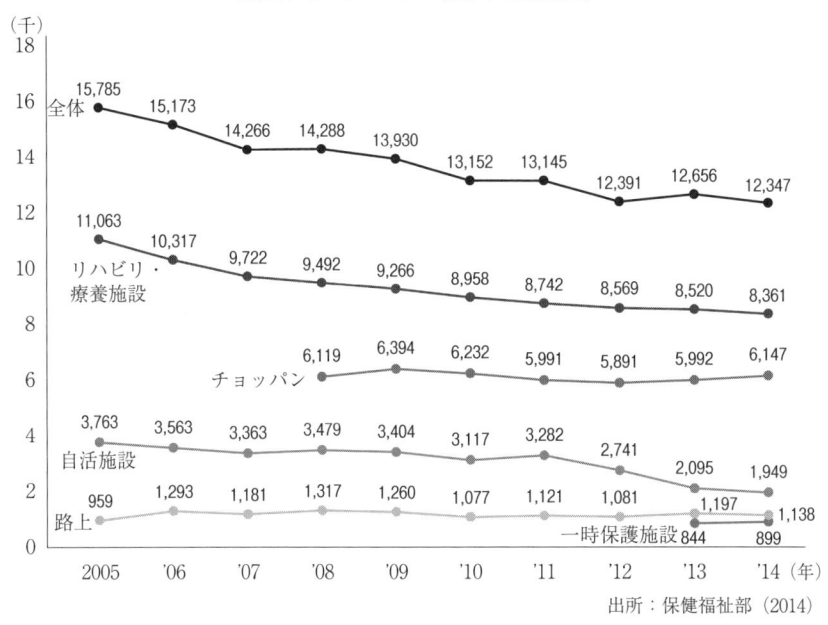

図表11-1　ホームレス状態の年度別推移

（千）	2005	'06	'07	'08	'09	'10	'11	'12	'13	'14（年）
全体	15,785	15,173	14,266	14,288	13,930	13,152	13,145	12,391	12,656	12,347
リハビリ・療養施設	11,063	10,317	9,722	9,492	9,266	8,958	8,742	8,569	8,520	8,361
チョッパン				6,119	6,394	6,232	5,991	5,891	5,992	6,147
自活施設	3,763	3,563	3,363	3,479	3,404	3,117	3,282	2,741	2,095	1,949
路上	959	1,293	1,181	1,317	1,260	1,077	1,121	1,081	1,197	1,138
一時保護施設									844	899

出所：保健福祉部（2014）

図表11-2　自治体別にみたホームレスの人びとの分布

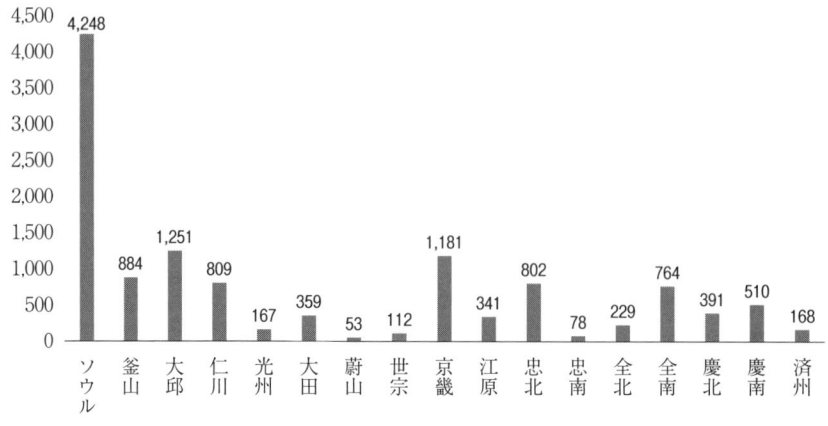

ソウル	4,248
釜山	884
大邱	1,251
仁川	809
光州	167
大田	359
蔚山	53
世宗	112
京畿	1,181
江原	341
忠北	802
忠南	78
全北	229
全南	764
慶北	391
慶南	510
済州	168

出所：図表11-1に同じ

支援施設の利用者数を保健福祉部で集計しているのみである。

　保健福祉部の資料によれば，ホームレスの人びとは2005年の1万5,785名から2014年の1万2,347名まで若干の減少傾向をみせている。特に「露宿人施設」（自活施設，リハビリ施設，療養施設）の利用者数において減少が顕著であるが，これは1997年の通貨危機を契機に急増した施設の数およびその定員が2000年代の中ごろから縮小しているためである。その反面，路上生活者やチョッパンで生活する者の数は大きな変化がなく，若干の増加傾向となっている（図表11-1参照）。

　2014年現在のホームレスの人びとの分布状況をみると，ホームレスの人びとが最も多いのはソウル市（4,248名34.4％）である。これに大邱市，京畿道，釜山市，仁川市が続く（図表11-2参照）。大きな都市にホームレスの人びとが集中するのは，これらの都市に大規模な支援施設が存在するためである。

　図表11-2の左から「ソウル」「釜山（ブサン）」「大邱（テグ）」「仁川（インチョン）」「光州（クァンジュ）」「大田（テジョン）」「蔚山（ウルサン）」「世宗（セジョン）」「京畿（キョンギ）」「江原（カンウォン）」「忠北（チュンブク）」「忠南（チュンナム）」「全北（ジョンブク）」「全南（ジョンナム）」「慶北（キョンブク）」「慶南（キョンナム）」「済州（チェジュ）」である。

(2) ソウル市のホームレスの人びとの実態と支援

　ソウル市はホームレスの人びとが最も多い地域であり，ホームレスの人びと

図表11-3　ソウル市のホームレスの人びとの推移

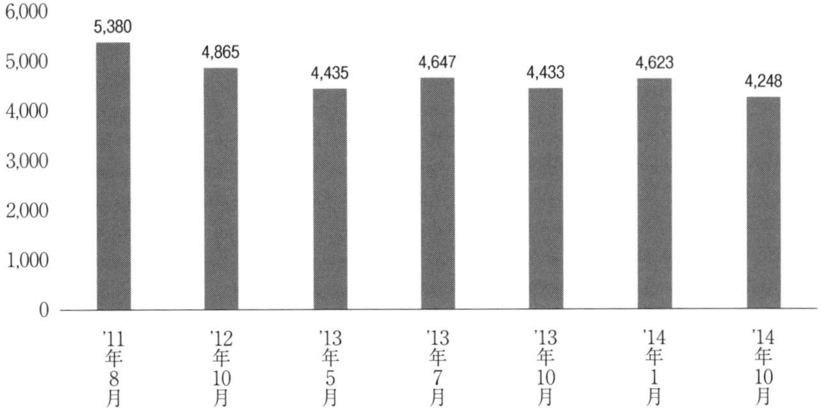

'11年8月	5,380
'12年10月	4,865
'13年5月	4,435
'13年7月	4,647
'13年10月	4,433
'14年1月	4,623
'14年10月	4,248

出所：ソウル市（2014）

図表11-4　ソウル市のホームレス居住支援プログラムの現況

区　分	2013年5月	2013年7月	2013年10月	2014年1月
臨時住居費支援	82	247	465	200
希望ワンルーム	55	53	42	43
結核シェルター	23	26	17	22
合　計	160	326	524	265

出所：図表11-3に同じ

の実態調査をPIT方式で定期的に実施している唯一の地域である。ソウル市は分期ごとに路上生活を経験した者の数と露宿人施設を利用した者の数を集計している。

　ソウル市のホームレスの人びとの規模は，夏と冬で差があるが，2011年8月から2014年の10月までに1,132名が減少した（図表11-3参照）。年平均で考えると6.4%の減少である。

　これは，「露宿人福祉法」の施行に伴い進められている「臨時居住費支援事業」など，行政の居住支援プログラムの効果であろう。ソウル市では臨時居住費支援事業を通じて毎年300名余りのホームレスの人びとに臨時居住を提供しており，支援終了後の住居維持率も70%以上と高いため，ホームレス問題の改

善に寄与した可能性が高い。さらに，支援型社会住宅（Supportive Housing）などの新たなタイプの居住支援プログラムも成果を上げているといえよう。

また，慢性化した路上生活者を支援するために精神保健チームの活動を拡充しつつ，冬期には一時宿泊所を開設する取り組みもみせている。これらもホームレスの人びとの減少に肯定的な影響を及ぼしてきたと考えられよう。

おわりに

「露宿人福祉法」の施行により，韓国のホームレス対策には改善がみられた。しかし，PIT方式の全国調査など信頼できる調査は行われておらず，ホームレスの実態に対するデータの確保は依然として課題となっている。実態調査を通じた資料の蓄積はホームレス対策の評価や政策改善の足がかりとなるため，定期的な実態調査とモニタリングの実施に対する行政の更なる関心が求められる。

今後は，よりよい条件のもとで信頼できる調査を進めることが必要となろう。そのためにも，官民協働のもとにホームレスの実態調査を定期的に行う方法を探らなければならない。そして，それらの信頼できる資料をもとに，ホームレス状態の全国的な規模および推移を把握し，政策の成果を評価し，今後の政策需要を判断することが求められる。

これまでホームレスの実態に関する全国調査は，予算の確保が難航するなか，自発的な参加に頼る形で進められてきた。そのため，調査地域の選定や調査員の確保がむずかしく，調査で見落とされる点も多かった。今後は，こうした点を考慮して適切に予算を編成したうえで調査計画を策定して露宿人福祉法に基づく全国調査を行うことが求められる。

II　SH公社の新たな社会住宅供給

SH公社[*1]は，約40万人が入居する16万5,000戸の賃貸住宅を管理している。LH公社[*2]の供給分まで含めると，ソウル市にはおよそ23万戸の公共賃貸住宅がある。これらは，市場で住宅を獲得できない人びとのために供給されてきた。

しかし，こうした努力にもかかわらず，住宅問題はいまだ解決の目途が立っ

ていない。ソウル市では，考試院（コシウォン）のような劣悪な賃貸住宅で生活する若者が増え続けており，地階の賃貸住宅でひとり暮らしする貧しい高齢者も多い。高い住宅価格，若年層の雇用不安，高齢者の貧困と社会保障の未整備などがその主な原因とされているが，住宅政策も責任を免れない。

　公共賃貸住宅事業をはじめとする住宅政策は，単身世帯の増加や人口の高齢化に伴う住宅需要の変化に対応できなかった。また，就職難のために所得が安定しない人びとが増えており，住宅確保の問題は日増しに深刻になっている。

　それゆえ，住宅政策の改編が進められており，その一環として公共賃貸住宅の提供方式も見直しが迫られている。ここでは，SH公社が推進している改革に焦点をあてながら，韓国の住宅政策の現状を紹介したい。

単身世帯に配慮した公共賃貸住宅

　最近の住宅政策では，単身世帯の増加，特に劣悪な賃貸住宅で生活する者の多さが問題となっている。総世帯数は増加しているが，特に単身世帯と二人世帯が増加しており，その他の世帯は減少している（図表11-5参照）。従来の公共賃貸住宅事業は，単身世帯の増加を見据えたものではなかったため，こうした状況に対応するのがむずかしい。

　単身世帯および二人世帯が増加したことを受け，政府は2009年4月に都市型生活住宅の供給を決めた。建築規制を緩和して小型住宅の供給を促進したのである。これにより従来の住宅地に小型の住宅が建設され，月々の家賃が50～60万ウォンほどの賃貸住宅が次々とあらわれた。しかし，月30万ウォン以下の考

図表11-5　韓国の世帯推計

（単位：千世帯）

区　分	2010年	2015年	2025年	2035年
総世帯数	17,359	18,705	20,937	22,261
単独世帯	4,153	5,061	6,561	7,628
二人世帯	4,202	4,991	6,523	7,579
30歳未満の単独世帯	826	917	985	881
65歳以上の単独世帯	1,056	1,379	2,248	3,430

出所：統計庁（2012）

試院に住む人びとは，こうした住宅に入居するのも容易ではない。
　より安い価格で良質の住宅を供給しなければ，考試院などの劣悪な賃貸住宅で暮らす人びとの問題は解決できない。政府は都市型生活住宅の建設やワンルームの借り上げを通じて公共賃貸住宅を供給したが，こうした供給方式では1部屋あたりの供給費用が高くつくため十分な供給量も見込めない。より安い価格で，より多くの人びとに住まいを提供する方法が必要である。
　そこで，居住空間をシェアする住宅を供給し始めた。ソウル市は大学生のための学生寮や，台所やリビングをシェアする協同組合住宅を2012年から供給しており，SH公社はこれらの事業を進めてきた。これらの住宅には共用設備が備えられており，部屋ごとの設備が省かれたぶん，供給価格が安くなっている。単身世帯が急増する状況に合った，環境にやさしい住宅である。
　2015年12月に施行される予定の「公共住宅特別法」には「公共準住宅」という言葉が加えられており，今後は基本設備を共有する住宅も公共賃貸住宅として供給できるようになる。ただし，この法律は基本設備を共有する公共準住宅に対しても，部屋ごとに基本的な設備がある従来の単身世帯と同様の最低居住面積を求めており，柔軟性がない。公共準住宅に対する基準は新たに定めるべきであろうし，そうしてこそ公共準住宅の活用が進むものと思われる。
　SH公社は，考試院，宿泊施設，空き家，商店街などの借り上げと改修，あるいは新たな建物の建設を通じて公共準住宅を提供することを検討しており，これを通じてソウル市の若者や高齢者の単身世帯の住宅問題に取り組む予定である。駅周辺の開発事業においても，若者の単身世帯を対象とした公共準住宅の供給が考慮されている。

ひとりで生活するのが困難な人びとのための支援住宅

　障がい，疾患，長期の施設生活などによりひとりで生活するのが困難な人びとは，適切な支援がなければ地域社会で生活するのがむずかしい。そうした人びとの生活を支援するのが「支援型社会住宅（Supportive Housing）」である。
　SH公社では，2015年の初めから障がい者やホームレスの支援団体との協議のもとに支援住宅のモデル事業の準備を進めており，その会合では「どういった対象にどういった住宅が必要か」，「どういう人びとを入居対象者とするか」，

「どのようなサービスを提供するのか」に対する議論が続いている。これらの議論をふまえて，今年中には発達障がい者や精神疾患をもつホームレスの人びとのための支援住宅のモデル事業に着手する予定である。

モデル事業の結果を考慮して事業推進のための体制を整えたうえで，2016年からは支援住宅事業を本格的に推進する計画である。このために，障がい者，ホームレスの人びと，高齢者，DV被害者など様々な人びとを支援する団体との協力体制を築いている。

支援住宅は，地域社会で生活しているものの日常生活の自立がむずかしい場合や，規則正しい生活が維持できないために福祉施設あるいは精神病院への入院を繰り返している場合に必要となる。公共賃貸住宅の入居者のなかにもこうした問題に陥る人びとがみられるので，地域社会におけるサービスや支援住宅の提供は切実に求められている。

支援住宅では，住宅とともに，生活の自立に必要なサービスが提供される。同時に，賃貸借契約において，借り手の権利と義務をはじめとする自己決定権が確保される。

支援住宅は，これまで施設外での生活が困難だった人びとに地域社会で生活する機会を与えるだけでなく，慢性的なホームレスを減少させる決定的な手段にもなりうる。日常生活の自立がむずかしかった人びとにとっては，新たな生活を切り拓く機会となるだろう。

だが，支援住宅の提供には困難が伴う。第1に支援サービスの提供主体を確保するのが容易ではない。SH公社が支援サービスまで提供するのは効率的とはいえないし，望ましくもない。支援サービスのための資源は医療や福祉の分野から確保しなければならないが，容易ではない。

第2に，住居と社会サービスの協力体制を築くのが簡単ではない。様々な分野の支援を活用することは社会的にも望ましいことであるが，その実現は容易ではない。支援住宅事業を進めるためには制度の整備が必須となる。支援住宅の居住空間をつくる作業とサービスを提供する作業を結合する方式を構築せねばならない。また，支援住宅に対する需要を把握して，その資源を確保する努力も必要となる。

オーダーメード型の賃貸住宅の拡大

　ソウル市は2012年以降，オーダーメード型の多様な賃貸住宅を提供してきた。結婚後5年以内の子どもをもつ新婚夫婦世帯，ひとり暮らしの低所得高齢者，体の自由が利かない高齢者と障がい者，未婚の女性，大学生，青年起業家，芸術家，低所得労働者など，様々な集団を対象としたオーダーメード型の賃貸住宅を供給してきた。

　これからこうした公共賃貸住宅は，さらに拡大していくだろう。公共賃貸住宅の入居者を選定する基準についても，画一的な基準を押しつけるのではなく，地方自治体の首長に決定を委ねるようになってきている。今後は，地域のニーズを反映させた，特定の集団をターゲットとする公共賃貸住宅が増えていくものと思われる。SH公社も地域別の需要を把握してオーダーメード型の賃貸住宅を開発していくこととなる。

　オーダーメード型の賃貸住宅では，似たような特性をもつ者同士が共同生活を行うため，共通のニーズに応じた共同体活動が容易である。子どもをもつ新婚夫婦のケースでは，子どものための活動や主婦同士の活動がみられる。SH公社では，コーディネーターを派遣して引っ越しパーティを開くなど，入居者同士の共同生活を促進する役割も担っている。

　オーダーメード型の賃貸住宅が，公共賃貸住宅に対するイメージを変えるきっかけになればとの期待もある。公共賃貸住宅には貧しく様々な困難を抱える人びとが住んでいることが多く，公共賃貸住宅が立ち並ぶ地域には社会の活力がないといわれてきた。公共賃貸住宅には否定的なイメージがつきまとっており，これは公共賃貸住宅の追加供給を妨げる要因にもなってきた。オーダーメード型の賃貸住宅にはこうした否定的なイメージを払拭することも期待されているのである。

民間による社会住宅事業のための土台づくり

　社会住宅の供給主体は多様化しており，今後は民間が低価格の賃貸住宅を提供する役割も担っていくことと思われる。ここで社会住宅とは，官民を問わず，政策を活用して政策の目的を達成する，手ごろな価格の住宅を指す。公共賃貸住宅も社会住宅のひとつである。民間でも公共賃貸住宅のような賃貸住宅

を提供することはできるので，これを可能とする条件を整える必要がある．

　これまでは，公的主体がほぼ排他的に社会住宅を供給してきた．公共賃貸住宅の大量供給を政策目標として掲げ，これを達成するために公的な組織を動員することが当然の選択肢となってきた．

　しかし，これからは政府と民間がともに社会問題に取り組み，協力的な競争関係を築いていくことが求められよう．公的な主体だけでは社会の変化に柔軟に対処するのがむずかしいからである．政府と民間が社会住宅の供給と管理を担いつつ競争を続けることで，双方の発展も期待できよう．問題に対する柔軟な対応が生まれるといえよう．

　このためには，民間の参加のもとに低価格の賃貸住宅を提供する事業を進めるための，制度と条件を整えなければならない．現在ソウル市では政府が土地を安い価格で賃貸する形で社会住宅事業が推進されているが，今後については共同出資や不動産投資信託などの資金調達を支援することも検討されている．これまでの経験を土台として，民間の社会住宅事業を推進する体制づくりが進められている．

住宅セーフティネットの構築に寄与

　就職がむずかしく，所得が安定しない時代になった．そのため，住宅を確保するのがむずかしい者も増えている．住まいを保障する住宅セーフティネットが必要である．彼らが住宅を失った場合に発生する，より大きな社会的負担を未然に防がなければならない．

　危機に陥る人びとは，特定の時期に急激に増える．さらに，リスクは特定の集団に集中する．世帯特性，金融市場，不動産市場，関連政策は目まぐるしく変化しており，リスクの性格と規模を予測することもむずかしい．

　公共賃貸住宅あるいは社会住宅だけではこうした状況に対応しきれない．家を提供するだけでは十分ではなく，住宅費の補助，住宅の改良，融資，住宅相談など，様々な住宅政策を活用することが求められている．

　より柔軟に公共賃貸住宅事業を進めることが，問題の解決に寄与することは間違いない．SH公社が新たな取り組みをみせているのも，そのためである．いずれにせよ，長期的に安価な賃貸住宅の供給が切望されているのである．

Ⅲ　自らつくる地域再生

もの，社会，経済を統合する都市再生から出発

　2009年1月にソウル市龍山区(ヨンサン)の再開発地域にある建物で，強制撤去の過程で発生した火災により，撤去に反対して立て籠っていた入居者5名と警察官1名が死亡する事件が起きた。この事件は，土地の経済的効率化と利益の私有化をめぐって発生した悲劇的な事件として世間の注目を集めることとなった。この事件を契機に，住宅に関する人間の権利を尊重し，平和な方式で都市を再生する方法を求める声が高まった。これまでの都市再生が，開発利益の私有化を進める一方で地元住民の事情をないがしろにして社会の公平性を損ねてきたことや，地域の歴史から断絶した景観を押しつけて都市空間を荒廃させてきたことが強く認識されることとなり，深刻な人権蹂躙や暴力的な強制立ち退きと強制移住に対する反省が促された。

　こうした社会的状況を背景に，株式会社ドゥコビ（韓国語：두꺼비，ヒキガエルの意味）ハウジングは「人と家，暮らしを考えます。」をキャッチフレーズとする活動を始めた。2008年からソウル城郭を背にする長寿村(ジャンスマウル)で活動を続けてきたオルタナティブ再開発研究会や地域活動家，「ナヌムと未来」，「緑色連合」，「環境正義」など，居住権，環境，生態保護，まちづくりの関係団体が集まり，恩平区(ウンピョン)との協力のもとに地域再生の官民協働体制を構築し，2010年の7月から本格的な取り組みを始めたのであった。恩平区はドゥコビハウジングチームという行政組織を新設し，民間には社会的企業の株式会社ドゥコビハウジングが設立された。朴元淳(パク・ウォンスン)氏がソウル市長に当選すると，ソウル市との協力体制も確立されることとなった。

自らつくるまちの力

　2012年3月，ソウル市恩平区新寺洞(シンサ)の一角に，山から下りてきた鳥たちの囀りが賑やかな「サンセマウル（山鳥の里）」が誕生した。犬の飼育場として使われた後にごみ置き場として放置されていた空間を住民と行政が再生させたのである。2011年5月にドゥコビハウジングのモデル事業地域に指定されたのを契

機に，この地域では住民参加のもとに地域の課題の収集，町の基本計画の樹立などが進められてきた。地域教室，家の修理，住宅管理など様々なプログラムが始動して1年ほどで，「サンセマウル」という成果があらわれたのである。ごみ，悪臭，害虫のもととなっていた土地に住民が入り，町のためにごみの撤去を続けた。2日もあれば十分と思われていた作業は，4トントラック30台分の廃棄物を撤去する大がかりな作業となったが，1週間かけて続けられた。ごみが片づけられた敷地には，花が植えられ，共同菜園がつくられた。住民だけでなく公務員まで巻き込んだボランティア活動となったことで，住民と行政の信頼関係が強まり，まちのコミュニティ活動を大きく発展させる契機ともなった。

「サンセマウル」はソウル市恩平区新寺洞の237番地一帯に広がっている。新寺洞という名は，かつて町に新しい寺院が建ったことに由来しており，李氏朝鮮の英祖の時代にはすでに「新寺洞契（シンサドンゲ）」という地名があったが，今となっては，いつ，どこにそうした寺院があったのかを確認することはできない。また，李氏朝鮮の時代に引退した内侍が住んでいた「セリョクコル（새력골）」，監獄や処刑場があった「コテクコル（고택골）」，木が鬱蒼と生い茂った谷があった「プンナムコル（풋나무골）」など，様々な名で呼ばれてきた地域でもある。まちの菜園には内侍の墓がひとつ残っており，住民はこの墓を守りながらまちの風景として手入れを続けている。現在の景観は，1970年代の土地区画整理事業の際に，水害の被災者や強制撤去の立ち退き者が移り住んで形成されたものである。当時は，インフラや道路も整備されていなかったため，「雨が降ると棺を橋の代わりに使い，骸骨をボールの代わりにして遊んでいた」という。

1980年から1990年までの住宅の建設ブームを経て，地域の単独住宅の多くは多世帯住宅などの共同住宅に変わっていったが，そのころに建てられた粗末な住宅が現在の悩みの種

写真11-1　ソウル市恩平区新寺洞「サンセマウル」の菜園

出所：社団法人「分かち合いと未来」全文洙氏撮影

写真11-2　ソウル市恩平区新寺洞「サンセマウル」の全景

出所：写真11-1に同じ

となっている。

　「サンセマウル」の周辺地域は，恩平区を代表する老朽住宅密集地域であり，開発利益の低さから住宅再開発事業も見込めなかった。ドゥコビハウジング事業がスタートした2011年ごろは，経済的な期待を失った挫折感ばかりが漂う地域であった。住民説明会や地域教室などのプログラムが始まっても，地道な都市再生に対する関心は低く，むしろ開発利益を狙う住民による反対が目立った。小学校を社会的な空間とする提案をしても，地域の老朽化や住民の所得の低さなどの否定的なイメージが先行して，警戒される有様であった。通学路にある階段は段差が大きく，子どもたちは回り道を強いられた。路上駐車が多いうえに交通量が激しいために，子どもの交通事故も気がかりであった。路地は傾斜が急なため，雪が降るとお年寄りは外出できない。駐車空間が足りないため，夜ごと駐車をめぐるトラブルが起きた。ごみが路地に放置されても，解決に立ち上がる活気がなかった。

　住宅のエネルギー効率も悪く，電気代，ガス代，灯油代がかさんだうえに，カビ，漏水，亀裂，通路など様々な面で住宅に問題があった。地域の住民は

「古い住宅は不便だし，再開発を待ってもう少し良い家に移りたいよ。冬になると動くのも嫌だし，夏はサウナのように暑いから。涼しくて暖かい家に住みたい」と話す。さらに，南側が高く北側が低い地形となっているため，日照条件が悪い。山裾にあることから冬は他の地区よりも1，2度ほど気温が低い。だが，西側は山に通じているためトレッキングコースが近く，近所の人びとが集まって談笑しながらともに簡単な作業をする憩いの場も点在している。山裾を活用して菜園をつくる人や，路地の隅に花壇をつくる人もみられた。

　ドゥコビハウジングが最初に立ち上げたプログラムは，住民とともにまちの課題と資源を把握するための「地域教室」と，まちづくり基本計画の作成とエネルギー問題の解決を進める「あたたかい修繕」であった。築40年の古い住宅に断熱工事を施して暖房費を半分以下に下げたことが話題となり，少しずつ住民の参加が増えていった。早い時期から活動を始め様々な活動を続けてきたまちの自治会であるが，そのひとつに地域の安全を守る「夜回り」活動がある。毎晩9時半から1時間ほどかけて事件の起こりやすい場所を見回り，暗い公園で飲酒する青少年を帰宅させる活動として始まったが，救急患者を病院に搬送するなど，地域住民同士の関係を強化する活動としてその幅が広がっている。

　ごみの撤去で力を合わせた経験から，自らの活動に自信をもった住民は，「サンセ教室」と名づけられた地域教室で建築相談教室，エネルギーコンサルティング，木工教室，消防教室，韓国伝統音楽教室，お花教室などにともに参加しながら，「環境にやさしいタワシ作り」，「環境にやさしい石鹸作り」など，小規模なコミュニティビジネスを展開するようにもなった。手の器用な女性たちが居間に集まり，タワシ，石鹸，お茶をつくって販売し，その売り上げを作業場の賃貸料や地域行事の開催費用にあてている。

　当初は，集会所すらなく，持ち回りで自分の家を作業場として提供していたが，2015年の10月には

写真11-3　ソウル市恩平区新寺洞「サンセマウル」の住民活動の様子

出所：株式会社ドゥコビハウジング提供

新しいコミュニティセンターや地域の共用住宅ができ，駐車場も確保された。住民が家を改修したり外からお客を迎えたりする際に使えるゲストハウスもできた。暑さと寒さに苦しんでいた住民の家もかなり改善されてきた。活動を始めた当初の姿からは想像もできないほど，「サンセマウル」に活気がみなぎっている。コミュニティセンターは住民自らが運営しており，コミュニティセンターのなかには家の修繕支援センターができた。菜園には野菜がなり，四季折々の花々を楽しむこともできる爽やかな風が吹き込む憩いの場となっている。地域の人びとは，アパートとは違う形の快適さを手に入れたのである。

行政の支援と制度の改善

　恩平区は，ソウル市の協力のもと，もの，社会，経済の統合を追求するまちづくりに対する支援制度がなかった2011年から支援を行っている。ごみ置き場となっていた敷地の借り上げや駐車場の整備などの支援を行い，景観整備事業を活用して地域の基盤施設を整備してきた。2011年の補欠選挙で当選した朴元淳ソウル市長は，ドゥコビハウジング事業のような住民参加型の都市再生をソウル市の重点施策として掲げている。

　2012年には「都市および住環境整備法」を改正して住環境管理事業を推進する取り組みを行っている。マンションの建設のような物理的な都市再生事業を反省して，2013年には生活や環境に合った住民のまちづくりを支援する「都市再生特別法」を制定した。「サンセマウル」は，住環境管理事業が終了し，行政の支援を受けずに住民の力でまちづくりを進めていく重要な転換期に入った。

空き家プロジェクト，眠っている資源の活用と社会住宅の供給

　2014年の春の居住福祉建築士諮問会議を受けて実施された「サンセマウル」の空き家調査で，地域の活性化により自然と解消されると思われていた空き家が，依然としてそのまま残っていることがわかった。空き家は，火災の発生やごみの放置といった問題が起きやすいため，地域の悩みの種となっているが，家主は再利用よりも売却を望むため放置されているのである。

　この数年間，ソウルの地価と住宅費は高騰している。特に，若者の単身世帯

への影響が大きい。劣悪な住環境と高い住宅費により、生活の質が悪化しているのである。「サンセマウル」でも地価の上昇はみられたが、ソウル市の他の地域に比べるとその影響は少ない。地域には「土の人」も「風の人」も必要である。昔からその地域に住んでいる「土の人」も大事だが、地域に新しく入ってきた「風の人」も地域に活力を与えるのである。ドゥコビハウジングは地域の空き家を公共の資産として活用する方法を模索しており、1年間の準備期間をとって、日当たりが良く、風通しの良い「共有住宅」を時価の70〜80％ほどで提供する試みを始めた。家主に家を借りて、若者が快適に暮らせるように改修した後にシェアハウスとして供給するのである。ひとつ目の物件は、再開発区域にあるしっかりとした一軒家であった。その物件は再開発に対し賛成派と反対派とに分かれて膠着状態にあり、当分は大きな変化がなさそうな場所にあった。ところが交通の便が良く住環境が良好な住宅を、一般的な賃貸料の6割ほどの価格で提供することができたのである。

　都市に眠っている資産を活用して地域を再生させるために始まった空き家プロジェクト「共家」は、ソウル市の補助にも支えられて、2016年には10戸ほどが提供される見込みである。地域住民の関心が高く、社会からの支持も強い。これまで、もの、社会、経済の再生事業において十分に対応しきれなかった住宅問題にも、解決の糸口が見え始めている。空き家プロジェクトはソウル市の社会住宅供給政策のひとつとして組み込まれており、積極的な支援が受けられる状況である。社会住宅としての空き家プロジェクトは、すでに存在する住宅を活用する形で進められており、定期借地住宅などの新築を通じて単身世帯や二人世帯の住宅問題を解決する役割を果たしていくものと期待されている。2015年5月には同様の事業を進めている主体が集まり、社会住宅協会を設立した。ドゥコビハウジングとしては、各地域にこのような新たなタイプの住宅が増

写真11-4　ソウル市恩平区ジュンサンドン空き家プロジェクト「共家」の第一号家屋

出所：写真11-1に同じ

えれば，それが軸となって高齢化した地域に新たな風を吹き込み，地域再生にも良い影響があらわれるのではないかと期待している。

「ドゥコビさん，ドゥコビさん，古びた家をあげるから，新しい家をちょうだい」。子どもたちが砂遊びをしながら唄う，韓国の伝統的な童謡である。ドゥコビハウジングは，外観だけでなく，住宅をめぐる生活条件や生活環境も新しく変わるようにという思いから，ドゥコビという名前をつけた。「人と家，暮らし」がすべて幸せになることを願うばかりである。

 * 1 ソウル住宅公社（Seoul Housing Corporation）。
 * 2 韓國土地住宅公社（Korea Land and Housing Corporation）。

▼参考文献
ソウル市（2014）『2013年ソウル市露宿人実態調査報告書』
統計庁（2012）『将来家口推計　2010年〜2035年』(http://kostat.go.kr)
保健福祉部（2014）保健福祉部内部資料

12 包摂都市に向けた台湾の実践
――民間主導による居住支援と地域再生

張 獻忠＝李 盈姿（Ⅰ）・林 育如（Ⅱ）・
劉 鴻濃（Ⅲ）・彭 揚凱（Ⅳ）

Ⅰ 台湾芒草心慈善協会のホームレス支援の地域実践とアドボカシー[*1]

 台湾芒草心慈善協会（Homeless Taiwan Association, 以下，「芒草心」とする）[*2]は，台湾各地のホームレス支援関係者が立ち上げた組織であり，2011年の設立以来，アジア各地のホームレス支援団体と交流をもち，各国の支援経験を整理しそれを通じて，実際に台湾の現場に適用できる革新的な方法と支援モデルの構築に努めてきた。台湾のホームレス支援を振り返ってみると，スティグマという問題への対応がひとつの重要な鍵となるように思われる。それはホームレスの人びとへの資源配分にかかわるだけでなく，彼らの生活空間を圧迫し，自らの権利について声をあげる機会を奪ってしまうことにかかわる問題だからである。

 2014年より芒草心は実践を開始し，居住支援，エンパワーメント，アドボカシーの3つの方向での活動を試みている。

① 居住支援：社会的弱者ための「自立支援センター」を立ち上げ，居住，就労，医療，精神的援助，社会福祉サービスに関する支援を提供し，ホームレスの人びとが路上生活から脱却し，自立した生活ができるよう支援する。将来的には「借り上げ方式」によって社会的弱者の居住空間を開拓し，住宅管理を行うことによってホームレスの人びとの居住コストを低く抑え，また居住の質を改善し，「孤独死」を減らすことを目指す。

② エンパワーメント：「街遊（Hidden Taipei）」および「修繕隊」を立ち上げた。前者は，野宿者を街歩きガイドとして養成する取り組みである。後者は修理補修の技術をもつ野宿者を組織し，ひとり暮らしの高齢者や低収入戸（生活保護の受給世帯）の居住環境改善を行う取り組みである。これら2つのエンパワーメント事業を社会的企業に発展させたいと考えている。

③　アドボカシー：比較的ソフトな地域交流モデルの実践を行っている。「地域の食卓」プログラムでは，野宿者と地域住民とが一緒に食卓を囲む。「ホームレス生活体験キャンプ」プログラム[*3]では，ホームレスの人びとが路上生活の教師となり，参加者は彼ら・彼女らに連れられて実際の路上生活を体験する。また，ホームレスの人びとがまちづくりに参加したり，学校での講演を行ったりすることによる，地域の人びととの対話を通して相互理解を深める。市民がホームレスの人びとに対する理解を深めることで，社会的排除とスティグマを軽減したいと考えている。

以下，主な事業について紹介する。

社会的弱者のための自立支援施設およびネットワーク

2013年末，芒草心は龍山寺近くの三水街(ロンサンス)(サンシュウェイジェ)の路地にある2階建ての建物を借り，最初の「社会的弱者自立支援センター」を立ち上げ，「三水楼(サンシュウェイロウ)」と命名した。運営にあたっては「居住」，「就労」の2つを軸として，エンパワーメントを実践しながら，ホームレスの人びとの「生活の質」の改善に取り組んでいる。

「三水楼」の定員は10名であり，野宿者あるいは社会的弱者である労働者に一時的な居住空間を提供している。彼らのなかには求職活動中の者，療養中の者，社会福祉サービスの申請中の者などがいるが，それぞれが一定額の貯蓄を行いつつ，路上生活からの脱出を試みている。「三水楼」もまた，周辺の社会的資源と協力して，情報，資源，人材の拠点となり，まちづくりをはじめ交流や相互支援の中心となって市民や政府が都市の社会的弱者の生活問題に関心をもつようはたらきかけている。

芒草心の自立支援センターは，台北市のホームレスの人びとの中間施設としてどのような特徴があるのか，またどのような意義をもつのか，以下に詳しく述べることにする。

①　緩やかな管理を行い，住民の自主性を重んじている：芒草心は入居者を「人」として尊重し，自主性をもたせることを重視する。そのためできるだけセンター内での管理を緩やかにし，彼らに最大限の自主性をもたせている。管理スタッフと入居者はともに話し合ってルールを決める。門限は

なく，入居者ひとりひとりが入口の鍵を持ち，自由に出入りできるようになっている。また，飲酒は施設において常に議論となるが，芒草心では住民の飲酒を完全に禁止しているわけではない。自立支援センター内に持ち込んで飲むのでなければ，外での飲酒はルール違反にはならない。しかし，飲酒後の行動についてはルールがあり，騒ぎを起こした場合は訓戒や退去勧告を受ける。管理が必要なのは，飲酒そのものではなく飲酒後の他人に迷惑をかける行為である。

② センターを小規模に分散させ，交通の便の良い地点に開設する：芒草心の各宿泊拠点の定員は10名以内であり，うち2か所は一般のマンションに設置されている。芒草心がマンション内に小規模の宿泊拠点を設けたことは，台北市においては新たな試みとなっており，今後の実践モデルとして広がりをもつものである。芒草心は「就労」支援を中心とするため，交通の便の良い場所を選択している。政府が運営する多くの収容所は交通の便の悪い場所にあり，住民の就業ニーズと合っていないからである。

③ 地域に溶け込むことを目指し，家庭的なあたたかさをつくる：芒草心の居住拠点は地理的な側面からコミュニティに溶け込もうとするだけでなく，ボランティア活動やクラブ活動などを組織している。現在，月に1回誕生日会を行っており，入居者だけでなく，退所者や，スタッフ，ボランティアや地域住民の誕生日を祝っている。誕生日会には関係団体を招待し，入居者とのネットワーク形成の機会にもなっている。

④ 自立後のフォローアップを行い，再路上化を防止する：台湾のホームレス支援は，専門領域による役割分担があり入居者ごとにはっきりと分かれている。路上生活，収容所への入所，アパート入居など状況別に，それぞれ異なった組織が支援を行っている。ホームレスの人びとの多くは，アパートを借りて地域での生活を始めると，自立とみなされる。しかしアフターフォローがなされない場合，彼らは孤独を感じたり失業したりして，再び路上に戻るか，または「孤独死」に至ることもある。芒草心はアパートに入居して自立した住民に対し，様々な活動や訪問によって関係を持ち続けている。退所した元住民たちもたびたび芒草心を訪れ，話をしていく。アフターフォローによって，切れ目のないホームレス支援を行うこと

は，先進的で創造的な方法であるといえよう。

　芒草心の統計によれば，2015年1月から9月にかけて芒草心自立支援センターが受け入れた人数は66人であり，うち男性は64名，女性2名であった。1人あたりの平均入居期間は87日で，66名のうち49名がすでに退所している。そのうち就労自立した者16名，福祉制度による自立4名，その他関連機関への紹介4名であり，25名は自主退所である。入居者の50％近くが，退所時には自立を果たし，路上生活から脱け出している。

「街遊（Hidden Taipei）」[*4] ホームレスの街歩きガイド

　ホームレスの人びとが街歩きガイドとなることは，一種の流行となっているようである。2010年のロンドンの「Unseen Tours」から始まり，その後バルセロナ，プラハ，ベルリン，パリなどのヨーロッパ都市に広がり，様々な形態のホームレスガイドが生まれている。

　台湾では，システムエンジニアの曾文勤（ツォン・ウェンチュン）氏が2013年5月にロンドンの"Unseen Tours"に参加したのち，台北市のホームレス支援のソーシャルワーカーである筆者（張獻忠（チャン・シェンチョン））氏に提案し，ホームレスガイドについて検討を始め，様々な社会的資源に対してはたらきかけを始めた。同年9月「萬華（ワンファ）コミュニティ大学」が，NGOや社会福祉団体と協力して最初のガイド養成講座を開始し，4か月のコースに10名が参加した。2014年3月には台湾「夢の街協会」が，2回目の養成講座を開始し，3か月のコースに5名が参加した。2014年6月には，芒草心がガイド養成を引き継ぎ，有料ガイドの方針に基づいて商品開発し，「街遊（Hidden Taipei）」の名称で事業を立ち上げた。7月末には1人目のガイドとなる阿強（ア・チャン）氏が訓練を終え，有料ガイドを開始した。8月には卜派（ブー・パイ），阿和（ア・フー）の両氏が訓練を終え，ガイドに加わった。2015年4月に阿強氏はガイドを辞めたが，10月に新しく阿俊（ア・チュン）氏（西門王）が加わった。現在はガイド3人の体制である。

　「街遊」の特徴は，参加者に都市の背後に隠れている社会現象や活動をみせることにある。社会の最も底辺にいるホームレスの人びとの視点から，参加者はふだんとは違う都市の姿をみることができる。また，途中で語られるガイド自身の人生談によって，その行程はさらにストーリー性と生命力に満ちたもの

となっていく。

　阿和氏のルートは「阿和の放浪記」というタイトルがつけられている。彼は，以前は大酒飲みで酔いつぶれて路上で寝る毎日であった。しかし信仰を得て，すでにアルコールの束縛から抜け出し，街歩きガイドとなった。阿和氏のルートは萬華での路上生活の軌跡である。このルートを辿ることによって，萬華の慈善的かつ伝統的な側面をみることができる。彼の生き生きとした語りのなかで，彼がどのように再起したか浮びあがる。

　卜派氏のルートは「卜派の台北城散歩」と名づけられている。彼のフィールドは，旧台北城の城内エリアである。この地域は日本統治時代の建築物が多く残っており，また台湾の行政の中心でもあった。そのためこれまで多くの社会運動が行われてきた場所でもある。彼はこの地域の様々な物語を皆に語って聞かせる。阿俊氏のルートは「西門王の人生波乱万丈」である。彼は13歳で嘉義から台北に出てきて努力し，徒弟として学んだ後，洋裁店のオーナーとなった。その後株で大儲けしたが，株価の大暴落で破産し，ついには路上生活者となった。彼の人生の浮き沈みはすべて西門町(シメンティン)で起きたものである。ガイドのルートは彼の人生の縮図であり，また彼の再起のストーリーでもあり，見ごたえのあるものである。

　「街遊」は有料ガイドツアーで，参加者はまずネットで申し込み，チケットを購入する必要がある。大人300台湾ドル，高齢者および学生260台湾ドル，障がい者とその同伴者は150台湾ドル，親に同行している12歳未満の子どもは無料である。[*5] 6人以上の場合は団体予約も可能である。月1回チャリティーガイドを開催し，社会的弱者の団体は無料で参加できる。チケット代金の60%はガイドの収入となり，残りの40%を設備，保険，ボランティアの交通費，スタッフ給与，養成訓練などの費用にあてる。

　2014年7月から2015年10月末までの間に，ガイドツアーの参加者は3,000人を超えた。ガイド自身も安定した収入を得て自立に至っている。また，ガイドツアーの参加者のうち88%が，野宿者など社会的に不利な立場におかれた人びととの生活と文化に対して，より理解が深まり，また萬華地域に対する恐怖心も小さくなったと答えている。参加者の63%は，ホームレスの人びとに対する印象が変わったと答えている。たとえば，ホームレスの人びとすべてが個人的な

原因で路上生活を送っているわけではなく，経済的な自立だけでなく人間関係によるサポートをも必要としていることが認識できたのである。

　ホームレスガイドは，非常にハードルの高いエンパワーメントでもある。ガイドになるためには半年から1年かけて訓練を受ける必要があり，何回も試験を受けてはじめて現場に出て有料で仕事をすることができる。また，ガイドには個人の資質も重要である。いきいきとした生活史と都市に対するきめ細かい観察眼だけでなく，話す能力や，分かち合いを好むこと，たくさんの人に向かって堂々と話ができること，などが必要な資質となる。そしてまた，事務スタッフやボランティアチームとも協力しなくてはならない。すべてのホームレスがガイドになれるわけではない。

　ホームレスガイドの事業化は台湾における新しい社会的企業のモデルだといえる。このビジネスが商品としているのは，ホームレスの語りであり，構成力と生活経験である。活動を通して彼らは収入を得ることができ，また同時に社会とコミュニケーションをとることができる。アドボカシーのひとつの形ということができるだろう。

芒草心修繕隊――路上職人の復活
　修繕隊は芒草心の2015年の新たなプロジェクトであり，これまでの支援経験を経て発案されたものである。台湾のホームレスの多くが手に職があり，専門的な技術をもつ者もいるのだが，健康や産業の再編などの要因によって安定的に働くことができなくなったケースも多い。そしてまた，地域内の多くの低収入戸，単身高齢者，障がい者，貧困のボーダーライン層などは経済的困窮のために，設備や環境の劣悪な住宅に住みながら修理を行うことができず，居住環境の更なる悪化を招いており，そのことは健康面でもメンタル面でもマイナスの影響を及ぼしている。そこで修理技術をもつホームレスの人びとで構成された修繕隊が，経済的弱者の世帯に赴き修理を行う試みが始まったのである。困窮世帯は材料費と作業代の一部を負担するだけで，改善された空間に住むことができるため経済的負担は軽減される。修理に参加したホームレスの人びとは，自分の特技を生かして人助けをすることで自信が回復されるだけでなく，収入を得ることもできる。これらの収入を彼らの家賃の支払いにあてること

で，より早く路上生活を脱することができるのである。
　現在，修繕隊のメンバーは清掃，空調のメンテナンスと取り付け，左官，水回り・電気工事，セメント，大工などの仕事が可能である。芒草心は2015年にジョニーウォーカー主催の Keep Walking コンテストの賞金を獲得し，それをもとに修繕隊を運営することが可能となった。これまでに社会的弱者を対象としたものとしては，3軒の「ゴミ屋敷」を片づけ，またホームレスガイドの阿和氏の新居の改修も行った。社会的弱者への支援のほかに，芒草心は「崔媽媽(チェママ)基金会」との協力のもと，崔媽媽基金会が管理を請け負う住宅の修理を市場価格で行っている。この協力によって，修繕隊が今後自立運営できる可能性がみえてきた。将来的には一般家庭のメンテナンスによる収益を社会的弱者世帯のメンテナンス費用の支援にあてる形で，社会的企業へと発展させたいと考えている。

おわりに

　台湾の野宿者の平均年齢はおよそ50～55歳である。高齢者，障がい者，病人，虚弱者も多い。彼らは働きたくても機会に恵まれず，これまでほとんど支援がなされてこなかった。仕事の不安定さによってホームレスとなったにもかかわらず，彼らは「怠け者」のレッテルを貼られがちである。台湾は豊かな同情心を備えた社会ではあるが，ホームレスに対する理解は不足しており，多くの人たちは十分な食べ物と寝袋を提供し，凍え死ぬことがなければ十分だろうと考えている。社会的リソースは，生命維持のため非常に偏って投じられている。私たちは実際にフィールドに入り，ホームレスの人びとの実態を知り，社会的に不利な状況におかれている彼らのニーズを社会に対してもっと発信し，理解を促すべきであろう。そして，ともに仕事を創り出し，彼らもまた尊厳のある生活を送れるようにすることが必要である。

II　台湾社会住宅運動の発展と成果
――2010～2015年居住の権利の取得に向けた社会住宅運動

住宅運動の再出発

　2009年，台湾において「人びとの十大不満」についての調査が実施された。

そのトップに「住宅価格の高さ」があげられた。この問題は人びとの議論の的となり、その後2010年に最高潮に達する。このような流れのなか、1989年の「無殻蝸牛運動(宿無しカタツムリ運動)」から生まれたOURs(都市改革組織)と崔媽媽基金会は「社会住宅」建設を目標とする新しい住宅運動の波を起こし、社会的弱者の居住権保障の実現に取り組んできた。

2010年——分野を超えて専門家の力を結集し「社会住宅」を推進

　台湾の住宅価格高騰は、中産階級にとっては住宅に手が届かないという問題であるが、社会的弱者、経済的弱者にとってはさらに厳しい居住困難という問題となる。この問題に対し政府は長期間放置し続け、積極的な介入を行ってこなかった。台湾全土の社会住宅のストックは8,000戸に届かず、住宅総戸数のわずか0.08%にすぎない。そのためこのような状況に対し私たちは専門家を結集し、また社会福祉団体にも呼びかけを積極的に行った。福祉の分野では、社会的弱者の居住ニーズは長い間未解決の問題であり、補助金のほかには活用できる住宅資源はほとんどなく、また社会的弱者の居住が安定しないことで、様々な問題が次々と発生した。その結果、社会福祉の資源さえも消耗させていると考えられている。

　2010年8月26日に社会福祉および住宅に関する13の非営利組織は正式に「社会住宅推動聯盟」を結成し、台湾における「分譲ではなく賃貸――社会住宅政策」の実現を目指し、社会的弱者および若者の居住権のためにともに声をあげた[*6]。同年、直轄市市長選挙に向けた選挙ムードが高まるなか、社会住宅推動聯盟は、深刻な住宅価格問題を抱える台北市および新北市の市長候補を訪問した。また総統府の馬英九総統(当時)を訪問し、台湾における社会住宅のストックの増加を提言し、「住宅法」の制定を求めた。そして前向きな回答と承諾を得ることができた。

　1か月後、中央政府内政部からさっそく社会住宅法案と5つの候補地が示された。このような素早い対応はかつてないことであったが、それは人びとの不満の大きさと、選挙の票集めという政治的な意図がそこにあったからである。しかし、法案策定をあまりに急いだために計画の整合性に欠け、かえって地域住民の反対にあい、また社会住宅に対する誤解を招くことになった。このよう

な問題を伴いながらも，社会住宅運動の第1弾として政府，世論，そしてメディアの関心を社会住宅にひきつけることには成功したのである。

2011年——海外の先進事例を参考に社会住宅を推進，そして「住宅法」の成立

　台湾の社会住宅への取り組みは，まだ始まったばかりであり，海外の経験を学び，政策提案の理論的基礎を築き，また宣伝教育のツールとして社会一般の人びとのもつ疑念を晴らす必要があった。このため2011年より，たびたび海外の専門家や学者を招いて交流を図り，一般の人びとや，若者，学生に社会住宅を知ってもらう努力を重ねてきた。このことはまた社会住宅推動聯盟自身にとっても知識を積み重ねる絶好の機会となった。加盟団体や研究者，メディア，政府関係者とともに日本の大阪，韓国のソウル，香港などを訪れ，行政や民間組織と友好的なネットワークを構築してきた。海外の成熟した社会住宅の経験を参考として，政府への政策提言に活かし，台湾における社会住宅モデルの開発を目指している。

　ところで，社会住宅を順調に進めるためには，「住宅法」の制定こそが最初の関門であった。2011年10月に国連の「世界居住の日」に合わせ，社会住宅推動聯盟は3日間にわたって「社会住宅国際シンポジウム」を開催した。6か国から12名の専門家と学者を招いて社会住宅の経験を聞き，また会議後には馬英九総統を訪問して「社会住宅共同宣言」を提出し，住宅法制定が喫緊の課題であると訴えた。

　また同時に，学者と陳節如立法委員の協力を得て，社会住宅推動聯盟は「民間版住宅法草案」を提出し，2012年の台湾総統選挙において，積極的に街頭演説や行政との協議を行った。法制定のスケジュールの前倒し，条文についての論争時間の短縮，議会の会期内の法案成立を促した。したがって，同時に法改正が進んでいた「不動産実勢価格登録三法」[*7]の問題とも共闘し，また民間，社会団体，専門家，学者を結集して世論を盛り上げ，対抗勢力である利益団体に対抗した。そして12年という長い時を経て，「不動産実勢価格登録三法」とともについに「住宅法」が成立したのである。

2012年——アドボカシー，政治参加としての社会住宅運動

　社会住宅政策の推進にあたって，社会住宅推動聯盟は常に「社会的弱者の権利保障」を核心的価値として堅持してきた。中央政府から地方政府まで，様々な方法で対話し，対話のチャネルを築き，協力の道を模索し，また抗議行動や記者会見などの方法で政治的プレッシャーを与えてきた。このような手段をとった理由は，すべて社会住宅政策が正しい方向へ進むよう願ってのことである。

　2012年，台北市は「安康平価住宅」[*8]の公営住宅への建て替え計画を発表した。2009年の「福徳平価住宅」では，建て替えにあたって地域内の低収入戸が立ち退きを迫られ高齢者がひどい待遇を受けたが，社会住宅推動聯盟および弱者を支援する社会福祉組織は，同様のことが「安康平価住宅」でも再び起きるのではないかと考えた。そこで，台北市の李新市議の協力を得て，公聴会や地域住民説明会を開き，また市の関連部局と話し合いを行い，住民の居住の権利が守られ，住民との十分な話し合いのもとに建て替え計画が行われるよう求めた。

　このように「安康平価住宅」の建て替え計画をきっかけに，行政との政策的な協議と協力を進め，社会的弱者の居住の資格，条件について協議してきた。これは今のところ安康平価住宅の「個別ケース」にとどまるかもしれない。しかし社会住宅推動聯盟にとっては，社会住宅政策を今後さらに推進していくために重要な基礎となるものである。

2013〜2014年——社会住宅のスタート，やるからにはよいものを

(1) 社会住宅計画と地域参加

　社会住宅政策を推進していくためには，政府の決意が問われるだけでなく，社会からのスティグマや抵抗が問題となる。いかにして一般社会から疑念を取り除き，信頼を得るかについては，政府の責任ある明確な態度のみならず社会住宅のよい実例ときめ細かい計画プロセスが鍵となる。

　2012年から2013年にかけて，社会住宅推動聯盟は台北市の萬華と松山の社会住宅の設計計画を担当する「九典聯合建築士事務所」と協力し，その計画と話し合いに参加し，住民参加，コミュニティの公共の利益，そして社会的弱者の

居住ニーズの重要性を訴えた。また台北市の「世界設計都市を目指すプロジェクト」の補助金を受け，国際的な建築専門家の招聘，安康平価住宅の建て替え計画への参画，地域でのワークショップ，また住民との対話をも行った。設計を通じて，コミュニティ環境，住民の日常生活こそが計画設計において重要であることを示した。

(2) 政府組織のマンパワー面での準備

政府が多くの社会住宅プロジェクトを実際に手がけるにあたっては，今ある行政組織と人材，能力で実現可能か否かも，これからの課題である。

2012年，社会住宅推動聯盟は台湾に招いたオランダの第3セクターの住宅法人との交流を手始めに，台湾において「住宅法人(Housing Corporation)」のしくみをつくるべきではないかという，参考となる重要な考え方を社会に提示してきた。2014年には，日本と韓国の住宅公社を訪問して交流と研修を積み，それぞれの国の組織のしくみ，運営システムとマネジメントの経験を学んだ。また帰国後は，成果を積極的に各界の人びとに伝えた。2015年台北市と新北市はそれぞれ「賃貸住宅公社」「居住サービスセンター」設置の計画にとりかかった。社会住宅推動聯盟としては，一定の規模の組織とマンパワーによって社会住宅のマネジメントと運営が効果的に始められることを望んでいる。政府による社会住宅のスムーズな実施を支援するため，社会住宅推動聯盟は「SH公社」の社長をはじめ多くの関係者を招いた。台北市，新北市政府は，それぞれにSHと正式な交流関係を結ぶこととなった。その経験を共有し，かつ実務的な助言を得て，政府が社会住宅の増加に対応できるよう協力体制を築く予定である。

(3) 住宅法による「居住は基本的人権」の実現

住宅市場において厳しい立場に立たされている社会的弱者に対して，社会住宅政策が果たさなければならない役割は明らかである。つまり「住宅法」に書かれた「居住は基本的人権である。」という精神を実現し，居住困難層の居住における負担を軽減し，彼らが安心し落ちついて住まうことができるようにすることこそが政府が堅持すべき政策課題である。

しかし，台湾政府の住宅部門の社会的弱者に対する配慮には不安があるといわざるをえない。現在，台北市と新北市の社会住宅が対象としているのはほと

んどが若年層であり，社会的弱者に対しては「住宅法」の定めに従って10％の住宅が確保されているだけである。つまり，社会住宅における社会的弱者の入居比率を高めることに加えて，所得に応じて負担能力を判断して家賃を定めることも必要である。経済的効率のために家賃を高く設定したり，適切でない建設方式を採用したりすることは公共の利益を損なう。社会住宅推動聯盟は，政策提言を行うにあたってこれらに重点をおいている。

2010〜2015年——社会住宅運動の段階的成果

　社会住宅運動が民間を結集し世論の圧力をつくり出したことで，これまで「市場万能論」を唱え住宅制度の欠陥に向き合おうとしなかった政府の姿勢にも変化があらわれている。社会の流れが変わるなかで，政治的圧力を受け，住宅政策においてもより多くの責任をとり，積極的に住宅改革を行おうとしている。

　2010年から2015年の間，住宅，地方行政，財政などの行政部門は多くの新しい制度と事業を行った。「不動産実勢価格登録制度」を実施し，取引情報の透明化を促進した。また，「特殊貨物と労務税条例（奢侈税）」を定めて短期の投機的売買を抑制し，また台湾の住宅における抜本的な法律として「住宅法」を成立させた。「土地住宅合一税制改革」を通過させ，不動産売買に所得税を課税し，また「住宅サービス・プラットフォーム」と「政府による空き家活用計画」を進めることによって，民間のオーナーが社会的弱者を支援する貸主となるよう奨励している。

　2014年末，統一地方選挙に当選した台湾の直轄市市長，県知事，市長のうち12名が社会住宅についての政策を掲げていた。台湾では今後8年間で社会住宅のストックが9万戸近くまで増える見込みである。実現すれば，社会住宅比率は0.08％から少なくとも1％となる。ついに，社会住宅を建てるべきかどうかといった議論から，社会住宅建設は中央と地方の首長にとっての基本的なコンセンサスとなり，どのように建設していくかという対話の段階へと進んだといえる。

　この5年という短期間で住宅制度の改革は人びとの認めるところとなり，世論もまた居住に対して新しい価値観をもつようになった。「社会住宅」は社会

的弱者の基本的居住権を保障し，若年層には不動産市場に縛られない住まいを選ぶチャンスを提供するものである。住宅は「個人の問題」から「公共政策」のレベルへと引き上げられ，また，「住宅財産権」のイデオロギーから「居住の権利」の実現へと踏み出したのである。

2016年1月に，台湾では4年に一度の総統選挙を終え，民進党へと政権が交替した。野党民進党の候補であった蔡英文(ツァイ・インウェン)氏の当選により，台湾は今後4～8年間社会住宅政策において積極的な発展の段階へと進むだろう。新しい政権がいかにして選挙期間中に掲げた「居住の安心」という政策を実現し，20万戸の「分譲ではなく賃貸（只租不售）」の社会住宅を建設し，社会的弱者の居住権を確保できるかが，これからの焦点となる。社会住宅運動は新たな局面を迎えるであろう。

Ⅲ 旧市街地の都市再生
―――台北市南機場(ナンジチャン)住宅の再開発とその政策

台北市の住宅政策と都市再生[*9]

(1) 台北市における初期の「整建住宅」と都市再生政策

「整建住宅」とは，1955年から1975年にかけて公共事業の実施に伴い移転を余儀なくされた人びとに提供された4階から5階建ての集合住宅を指す。

本節が対象とする南機場は，新店渓が淡水河に合流する箇所に河川が湾曲して生まれた沖積平野上に位置している。台湾政府が1963年より開始した堤防建設に伴い，堤防外の違法建築が撤去されたため，その住民のための「整建住宅」の建設が進められた。1964年から72年にかけて3期にわたり建設された南機場住宅はそのような「整建住宅」のひとつであり，各住戸は3タイプに分類されてい

図表12-1 南機場の住宅平面図

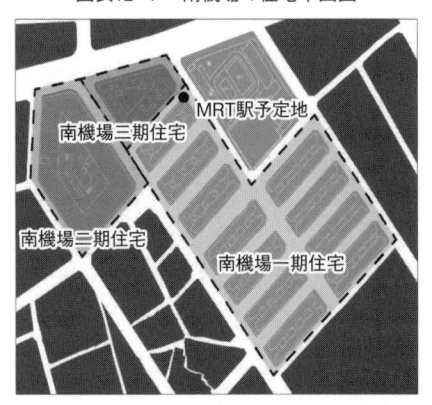

出所：都市改革組織（OURs）作成

12 包摂都市に向けた台湾の実践 165

図表12-2　南機場住宅の住戸タイプ（2015年10月1日現在）

南機場住宅	総住戸数	Aタイプ 12坪/40㎡	Bタイプ 10坪/33㎡	Cタイプ 8坪/26㎡
一期	1,264	304	328	632
二期	580	64	132	236
三期	264	40	173	51

出所：都市改革組織（OURs）南機場整宅公辦都更専案

る。Aタイプは40㎡、Bタイプは33㎡、Cタイプは26㎡の住戸となっている。

　4, 50年にわたる都市の発展を経て、台北市の生活水準は著しく向上した。にもかかわらず、南機場一期住宅は竣工から50年を経ているため、共用スペースや居住空間の老朽化が日増しに深刻になっている。同様の「整建住宅」は複雑な所有権・社会的弱者の集中・賃貸居住者の割合の高さ、合意形成の困難さなどの問題を共通して抱えている。建設当初は新時代の「国民住宅」の標準と目され、当時は最新設備だった水洗トイレが備え付けられたが[10]、今ではすでに最低限の生活水準にも達していない水準に落ちてしまっている。そのうえ、賃貸料が低廉であるがゆえに、社会的弱者が集中する地区になってしまったのである。

　南機場住宅のおかれている環境に関する問題をまとめると、以下の5つの状況に集約される。いずれも、都市再生にとってきわめて不利な条件といえよう。

① 狭隘な居住空間：南機場住宅2,108戸のうち、半数以上は面積が最小のCタイプが占めているが（図表12-2参照）、いずれのタイプにしても現在の生活水準はおろか、基本的人権として求められる「適切な住まい」（adequate housing）の水準にも合致しているとはいいがたい。

② 商業化による居住空間品質の低下：南機場住宅の1階部分は南機場夜市の一部として飲食店を主とする店舗として利用されているが、面積が不足することから道路を占用している状態が常態化している。そのため、居住空間としての品質が低下しているのみならず、排水設備・電気設備などの公共設備はすでに老朽化し過大な負荷がかかっているため、居住にとっても商業にとっても混雑度や衛生の面で問題が生じている。

図表12-3　南機場住宅の入居者状況（2015年10月1日現在）

(単位：％)

南機場住宅	持ち家あるいは親戚，友人	賃借	空き屋	その他	未調査および調査不能
一期	37	52	6	1	4
二期	43	35	1	0	21
三期	51	39	2	3	5

出所：図表12-2に同じ

③　老朽化および違法増築による構造上の危険性：都市の発展に伴い居住空間の不足が顕著になると，使用できる空間を増やすため，本来は「騎楼」（チーロウ）（アーケード）やベランダとして設けられた空間だけでなく，屋根の上にも違法に建屋を増築するケースが生じてきている。その結果，老朽化のみならずこのような違法増築された施設の負荷，屋内で頻発する漏水，屋外における鉄筋の露出と腐食により，構造上の危険性が著しく増している。また，1階のオープンスペースにはトタンで増築された違法の建屋が溢れており，消防活動の妨げとなっている。

④　管理不全と不在家主の多さ：南機場住宅が建設された当時，管理組織は設立されていなかった。台湾では1995年になって「公寓大厦管理條例」（マンション管理条例）が公布されたが，南機場住宅ではいまだに同法令に基づく管理組織が存在しない。最も末端の行政組織である「里」の責任者（「里長」）や少数の熱心な有志により生活環境改善の成果は出ているものの，半数以上の住戸は賃貸のため，地域コミュニティ全体としてのまとまりは明らかに欠いている。

⑤　地域機能の不全による都市発展からの排除：最近十数年の台北の都市発展はMRT（地下鉄）によりもたらされた側面が強いため，市民の間では公共交通機関を好んで利用する傾向が明確にあらわれている。南機場住宅に隣接する西蔵路には，計画中のMRT万大線の駅が設置される予定だが，現行の空間構造および利用状況では交通の連節点として都市発展をもたらす効果はほとんど期待できない。

(2)　台北市による2014年以前の住宅政策――政府による消極的誘導政策

台北市は1998年より「整建住宅」の再開発を長期重要発展建設計画の1項目としてあげ，市内23か所の対象地（1万1,012戸分）をすべて優先再開発地区に指定したうえで，都市計画にかかる経費や信託融資，容積率緩和等について法律により優遇措置を設けた（台北市都市更新自治条例）。さらに，現存する建築物の環境改善のため，少なからぬ予算を投入している。しかしながら，1999年から実施された再開発の初期の段階では民間のデベロッパーによる主導が想定されていたが，「整建住宅」の立地条件の悪さや住宅価格の低さのため，少数の特殊案件を除いてその参加はほとんど実現しなかった。これは，消極的誘導政策により「整建住宅」の改築を目論んだ政策だったが，民間デベロッパーに他の利益の見込める開発計画を放棄して困難かつ低利益な「整建住宅」の再開発計画に参加させるのは不可能であることが判明しただけに終わった。

(3)　台北市による都市再開発の状況

① 1999～2012年の台北市における再開発：台北市における近年の再開発のトレンドは1999年に発生した「九二一大震災」の被災建築の再建から始まり，不動産価格の高騰とともに2012年にその頂点を迎えたが，同年発生した「文林苑事件」[*11]により，行政機関による再開発のための土地の強制収用に対して社会的な反発が高まったため，再開発はその行き過ぎた商業化ゆえに社会の不満や制度面での停滞を引き起こしてしまった。

② 2012年以降の再開発の状況：文林苑事件による社会的な反発を受け，台北市は再開発のための土地の強制収用を停止せざるをえなくなった。さらに，大法官会議による「都市更新条例」に違憲とされる条文が含まれているとの指摘を受け，2012年以降，民間デベロッパーの再開発に対する関心は徐々に薄れていった。再開発の制度については，どのように条例を修正するべきかをめぐって政治的な思惑が飛び交い，意見が紛糾したまま条例の修正期限を迎えたため，同条例の失効により再び無に帰してしまった。

(4)　民間デベロッパー主導の都市再開発の頓挫

　台北の都市再開発を総括すると，初期の段階では九二一大震災からの復旧に有効だったものの，次の段階で民間デベロッパーにより老朽住宅の改築が再開発の手法として認識されて以来，再開発そのものが社会から疑惑の目で見られるようになっている。民間デベロッパーによる再開発が失敗に終わった要因

は，以下の点に求められよう。
① 所有権による分配原則：所有権をめぐり紛糾や衝突が生じ，地域の近隣関係に亀裂が生じる。
② 開発利益獲得の目標：建て替え後の住宅は市場で売買される財とみなされ，快適な住環境という本来の目的が無視される。
③ ゲーテッドコミュニティの成立：住宅のブランドと品質を強調するため，ゲートで敷地を囲い込み，近隣住民を排除してしまう。
④ 地域コミュニティや都市の文脈への無理解：敷地内のみの開発効果を考慮するため，近隣を含めた地域や都市空間に与える影響については無理解である。
⑤ 個別示談による合意形成：各住戸に対して個別に示談を行うことで地域の関係を分断しつつ合意形成を行い，既得権益による不当な利益の獲得（1階部分，ペントハウス，違法建屋等）につながってしまう。
⑥ 地域全体の計画を欠いた小規模開発。
⑦ 改築後の住宅の管理費用の高騰とそれによる経済的弱者の排除。
⑧ 開発反対住戸への制度的な差別：開発反対住戸には建て替え前の住宅の価格に応じた補償金のみが認められ，開発利益への権利を主張することができない。

都市再開発はきわめて複雑なプロセスを経て，予期不能な影響と結果をもたらすことがある。文林苑事件の後，民間デベロッパー主導型の再開発は社会的な批判を浴びてはいるものの，ある程度の合理性や貢献については認められるべきであろう。しかしながら，再開発の議論が熱を帯び，政治的な論争になるにつれ，再開発を完全に放棄するか，あるいは完全に民間資本に委ねるか，といった両極端の見解が提起されている。法制度が長期にわたり未整備なため，政治の介入を排せないのである。再開発に住環境の改善を求める人びとにとっては悪夢というべき状況になりつつあった。

政府による都市再開発への政治介入と課題

政治的な論争が過熱するなか，民間デベロッパーに代わり政府主導で再開発を行うべきだとする声が大きくなり，2014年の台北市長選挙では台北市による

都市再開発政策が主要なテーマとして浮上した。同選挙の結果，柯文哲（カ・ウェンジャ）市長が選出されると，政見発表で南機場住宅と斯文裡（スーウェンリ）住宅において台北市による最初の再開発事業を実施することを表明した。

長期にわたり南機場住宅における住環境改善に取り組んでおり，地域コミュニティに根ざした活動を行っている「都市改革組織」（OURs）は，2015年5月，台北市より再開発準備作業および所有権分配案策定の委託を受け，ワーキンググループを常駐させている。これまで台湾は，政府による再開発の経験が皆無のため，実務に通じた人材を欠いてきた。とりわけ，所有権に重きをおく現行の再開発において，どのようにして社会的弱者の権益を保護するのかが最大の課題となるだろう。OURsはこれまで，居住権の保障のための原則をいくつも強調してきた。多様かつ異なる程度の社会的弱者に対してどのように応じるべきか，個別ケースや対応する政策への検討を通して，今後研究を深めていく必要がある。

政府による都市再開発の推進，位置づけおよび主な政策

(1) 政府による都市再開発の原則

OURsは，政府による都市再開発の原則として4つの段階における責務を提示している。

第一段階：基本概念の普及——「更新組合」を設立。
第二段階：「更新組合」と台北市担当部門との協働——政府と市民の合意形成。
第三段階：再開発事業の実施——社会的弱者の保護と地域コミュニティの保持。
第四段階：再開発後の管理及び運営——新たな組織による新たな環境の管理。

(2) 政府による都市再開発の位置づけ

政府による都市再開発の推進にとって，最も重要な要素は台北市と市民との関係である。民間デベロッパー主導型の再開発と異なり，主体となる二者（台北市，市民）がそれぞれの役割を果たす必要がある。

台北市の位置づけは下記のとおりである。

① 経済的な利益を追求しない。
② 長期的および全体的な観点より，公共の利益に資する成果を創出する。
③ 政府としての信用に基づき，すべてのプロセスや条件は必ず公平かつ公開とする。
④ 政府の役割として，所有権の公正な分配と社会的弱者の基本的な居住条件を保障する（容積率および建蔽率のマクロ的調整）。

市民は，住民として再開発事業に参加するため，「更新組合」を設立する。その位置づけは下記のとおりである。
① 「社区営造」（いわゆる「まちづくり」）の方法により，住民による地域組織を設立する。
② 再開発事業に主体的な立場で参加する。
③ 再開発事業を通して経験を蓄積のうえ，組織としての運営力を向上させ，再開発後には管理および運営の主体となる。

(3) 政府による都市再開発に関する主な政策

政府による都市再開発の中心的な政策は下記のとおりである。
① 都市計画の手法を用いた再開発の全体計画：個別計画の乱立による全体的な調整を欠いた再開発を防止する。
② 政府の役割の明確化：説明会等の機会を通して，再開発は政府の義務ではなく政府の支援により行う事業であることを市民に対して理解させる。政府は開発利益を市民に還元できるが，特定の少数者に対する利益供与や利益目的の投機を許してはならない。
③ 住民による自主的な「更新組合」設立を促し，再開発の唯一の担い手とする。
④ 再開発に対する収支評価を行ったうえで，公平な権利分配を原則とする。
⑤ 生活水準向上のため，住戸が満たすべき最小面積を定める。
⑥ プロジェクトの採算と社会的弱者への配慮を同時に考慮する。

おわりに

台湾では土地および建物の私有制度が厳然と確立しているため，市街地の建

築物のほとんどは民間デベロッパーにより建設されてきた。ところが，2012年の文林苑事件を契機に政府主導の都市再開発が政治的に正しい政策とされ，再開発政策の転換を迎えた。これまでのところ，この政策転換はきわめて妥当であるが，政府主導の再開発のプロセスにおいても，社会的弱者の保護と社会的な公平性および正義をどのように担保していくべきかという不可避な問題について引き続き注意していく必要がある。OURsでは，この新たな試みから新たな知見を得ることを期待しており，この南機場住宅の再開発事業が台北市の他の22の再開発事業の先駆となることを願っている。

Ⅳ 都市原住民住宅政策のオルタナティブな試み
―― 新北市大漢渓三鶯(サンイン)部落移転計画

背　景

　1960年代，台湾は急速な工業化が始まり，農村人口の多くが「発展」のための労働力人口へと転換された。そしてまた多くの原住民が，都市に出て建設業，工場作業，遠洋漁業，砿業に従事した。しかし，経済的かつ社会的に弱い立場にあった彼らは，一般の住宅市場によっては居住の問題を解決することができず，また伝統社会の「集団的観念」を受け継いでいたために，次第に都市の周縁部にセルフヘルプ方式による集落を形成することとなった。しかし，この集住形態は財産権，土地使用，建築規制などのどの点においても既存の（漢民族による）関連法規とは相容れないものであった。そのため20年来，政府が強制的に取り壊し，原住民は他の場所にまた建てるということを繰り返してきた。

　このような政府の強制撤去は，2008年から新北市において社会の注目を集めるようになっており，度々の衝突，抗議，協調を経て政府は撤去の手を緩めた。2010年に新しい新北市長が選出されるとすぐ，新市長である朱立倫(チュ・リーリン)は代表的な三鶯部落と渓州(シーチョウ)部落の2つの原住民部落を訪ね，「移転再建」の方法で彼らの居住権を保障することを認めた。

三鶯部落について

　三鶯部落は新北市鶯歌区の三鶯橋の下，河川敷地に位置するため度々強制撤

去にあってきた。現在36世帯約170人が生活しており，全員がアミ族である。多くは建設業の臨時雇いや農業などの不安定な仕事に就いており，収入も相対的に低い。

建て替えプランの概略

新北市政府原住民局は2011年に都市改革組織（OURs）に「三鶯部落建て替え初期計画基本設計プラン委託業務」を委託し，2012年に完成した。以下，簡単にその建替えプランと基本計画について述べる。

写真12-1　三鶯部落の配置図

出所：新北市政府

① 新北市政府は従来の部落の周辺地域を公有地から原住民文化公園区へと変更し，部落の建て替え用地とする。
② 新北市政府は建て替え用地の整地，道路，基礎配管，公共空間の緑化などのインフラ整備費用を拠出し，整備を行う。
③ 公共施設の完成後，住宅用地を（個別の世帯ではなく）原住民部落法人が新北市政府より借り受ける。
④ 原住民部落はコスト抑制のためセルフヘルプによって家屋を建設する。
⑤ 家屋の建設費は政府補助（1/3），原住民部落法人による低金利借入申請（1/3），原住民部落自身による資金調達（1/3）によって賄う。
⑥ 家屋の完成後，原住民部落法人が管理運営し，住民は同法人より賃借し家賃を支払う（償還貸付）。また公共施設部分は政府から原住民部落に管理を委託する。

上述の計画に基づいて2012年に新北市は地区の計画設計を開始した。2013年には地域住民によって結成された「三鶯部落団結互助会」の名前で「新北市原住民族文化社会福祉公園区建設事業計画」が提出され，用途地域変更の許可を待って年末よりインフラの整備に取りかかった。2014年より，実質的な第一期インフラ工事が始められ，2015年にはそれぞれの家屋の基礎および農地の整備

12　包摂都市に向けた台湾の実践　173

が進められている。2016年には家屋建設のプロセスを終える予定である。

(1) 地区（公園区）の計画設計

地区の形状は東西に細長く面積は1.67haで，中心に以前からの農道が通っている。西側の区域は灌漑用水の上流にあたり，42世帯の家屋と公共施設が建設される予定である。公共施設としては広場，バスケットコート，集会所（予定），テラス（予定），水源兼遊水地を予定している。東側は将来の拡張のために残されており，現時点では駐車場，農地，農具小屋となる計画である。

原住民の部落文化を尊重したプランにするために，水辺での生活という空間的な特色を活かし，住宅区域では遊水地としても機能する水源を設け，また家々をつなぐ生態系に配慮した水路を配置する。そして水路と歩道の交差する場所には，おしゃべりができるよう小さな広場が設けられている。また，地区内には部落空間の特徴である集会所と眺望テラスのための空間も残され，家屋の完成後は，新しい部落の中心を建設するという目標がある。

また，農地計画の特徴は，豊富な玉砂利を用いた水路である。あぜ道によって小さな菜園に区画され，多様な作物・特色ある農産品を開発し，部落の経済的支えのひとつとする。

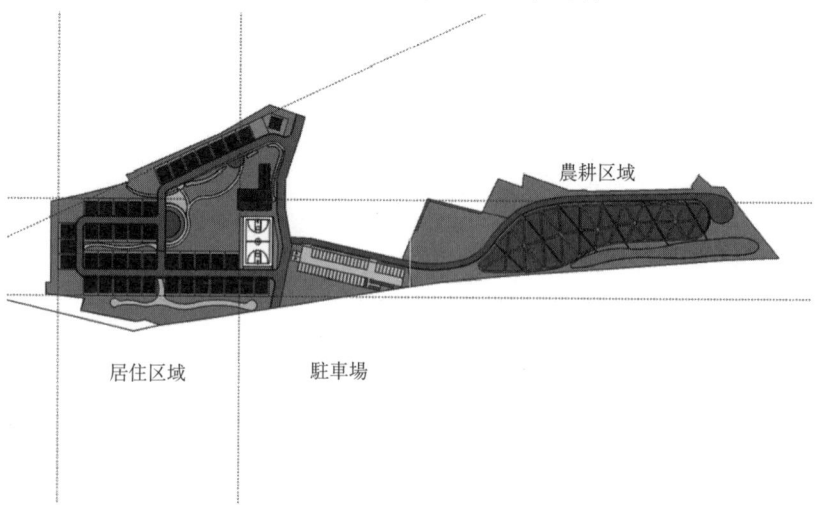

図表12-4　三鶯部落建替えプラン（2013年）

出所：除伯瑞建築師事務所

(2) 公共インフラの建設

公園区域および近隣の地域はもともと農牧用地であり，行政から予算を受けて1年目に公園区の道路，排水および生活用の配管が整備され，今後の建設の基盤となった。また新北市は家屋建設費の1/3を補助するが，公園区域の整地作業とあわせて，家屋の基礎工事と排水設備の建設にあてられた。

(3) 住民参加による基礎工事の実施

次の段階の家屋建設の準備として，公園区域の整地作業とあわせて，政府の委託を受けた建設業者が住民を雇用し，家屋の基礎工事を行った。これは住民参加型工事の最初の成果であり，人びとはこれに満足した。作業工程に参加するなかで住民自ら部落内での分業を行い，施工には細心の注意をはらって品質を確保し，全体の進捗にも積極的にかかわった。また，仕事で得た給与によって今後のセルフヘルプ建設のための資金を補うことができた。一方，建設業者も，高い労働生産性と満足のいく作業品質の確保ができ，その結果として行政から良い評価を得ることができた。

写真12-2　公園区域整地完成状況（2015年）

出所：除伯瑞建築師事務所

写真12-3　住民参加による基礎工事（2015年）

出所：写真12-2に同じ

(4) 家屋の再建

台湾の建築管理における戸別の審査制度からすると，限られた時間内でひとつの部落を建設するためには家屋設計にあたって標準化するほうが当然現実的である。計画の初期段階に，設計方式を住民参加型と決め，設計者と部落住民は度々打合せを行い，いくつかの家屋のタイプに対するニーズを取りまとめ

12　包摂都市に向けた台湾の実践　175

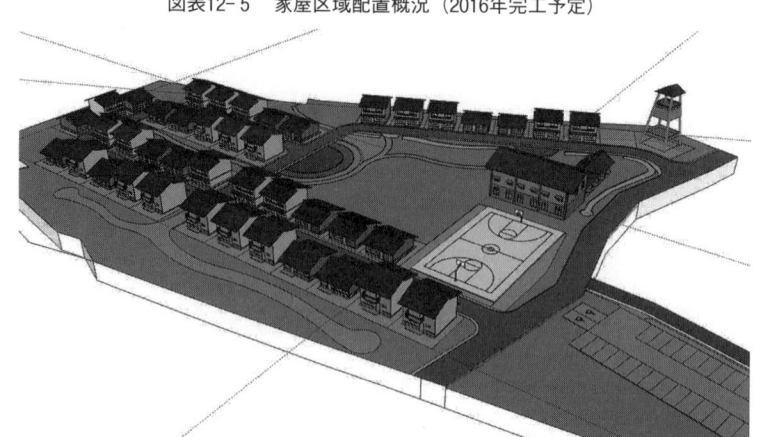

図表12-5　家屋区域配置概況（2016年完工予定）

出所：図表12-4に同じ

た。ここからサイズの異なる3タイプの家屋をつくり上げた。標準設計図による設計審査を行ったことで，公園区域のそれぞれの家屋はその設計図を援用することで建築許可を得ることができ，審査にかかる時間を大幅に短縮することができた。また標準設計図を用いたもうひとつの理由は，部落住民がセルフヘルプで建てる際，複雑さを回避できる利点であった。同じ構造の農具小屋の建設に参加するなかで，人びとはまず家屋の構造と施工の工程に慣れることができた。その結果技術的にハードルを下げて分業，組立を行うこともできた。

　この新しい公園区域における家屋の移転後再建で重要なのは，それぞれの建物が奇抜さを競うことではなく，部落のセルフヘルプの成果を示すことにあるのである。

検討課題

　三鶯部落全体の再建計画については，部落内，そして部落と行政との間で何回も話し合いがもたれコンセンサスが形成されてきた。現在はその計画の実施段階であるが，次のように，検討の必要な課題がいくつか残されている。

　① 政府行政の調整：この建て替えモデルは台湾における先駆的な事例であり，同様の状況にある多くの原住民部落から注目されている。しかし行政

の規制緩和や調整を必要とする部分が多く，また中央と地方との間，地方政府内の各部門間における調整の必要もあり，解決しなければならない事項が依然数多く残されている。

② 部落内部のコンセンサス：この建て替えモデルにおいて部落内の合意にあたって最も課題となるのは，家屋建設費用のうち政府補助を除いた部分である。実際には住民がそれぞれ出資するのであるが（部落による資金調達の部分は各戸より集め，借入の部分は家賃として徴収して償還する），建物は将来的には部落法人に属し個人に属するわけではない。現時点において住民は同意しているが，今後，出資，家賃納付の段階になってこの合意を継続させられるかが試されることになる。

③ 家屋の設計と建設：これまでの都市原住民部落の住宅はセルフヘルプで建設され有機的な発展をみてきたが，建築基準法には適合していなかった。三鶯部落の将来の家屋建て替えにおいて，どのように既存建築法規に適合させつつ，これまでの有機的な柔軟さ，住民のセルフヘルプ精神を残すかということもまた大きな課題である。プロジェクトではコアハウジング方式を採用し，政府の出資によって共通の家屋の基礎，配管・配線まで完成させたのちに，部落がそれを引き継ぐことになっている。その後，枠組み，屋根，外壁，内壁，内装を行うことで，各戸ごとの柔軟性が保たれる。しかし引き継ぎ後の工程において，如何にその進捗と品質，予算コントロール，住民参加のバランスをとるかが目下部落内で重点的に話し合われている点である。

④ 今後の財政のしくみ：本再建方式は，原則として可能な限り家屋建設費用を低く抑える方法を採用し，かつ新北市政府より建設費の補助および貸付によって協力を得ている。部落住民の収入の安定性と経済能力に基づいて現時点では，世帯ごとの月の家賃（土地の賃借料，借入金返済，管理費）を6,500台湾元（約2万4,000円）とすることを目標としている。また同時に，一部の世帯が支払えなくなる（滞る）事態が起き，部落法人の財政が危機に陥ることは避けなければならない。

おわりに──三鶯部落移転後再建プランのもつ意義

　台湾の北部，中部，南部の都市部にはいまだに多くの原住民部落があり，どの部落も三鶯部落と同様にスクォッターとしての問題を抱え，「不法占拠」として取り壊しの圧力にさらされている。この問題には居住権と原住民文化という二重の側面があるが，漢民族主導の台湾政府によって長らくないがしろにされてきた。三鶯部落は長年の努力と政府との協力によって，また民間の多大な支援によって，部落再建の新しいモデルに挑戦している。その意義は，40世帯の住宅建設にとどまらず，都市原住民に対する住宅政策としてオルタナティブな価値と有り様を提起するものである。

* 1 　「Homelessness」の訳語について，台湾の行政では「遊民」，民間では「街友」が使用される。これらの名称はすでに長い間使用されてスティグマが生じており，そのため芒草心慈善協会は「無家者」を居所の定まらない者の呼称とし，「Homelessness」に対応させて使用することを提唱している。なお，この節の張献忠は台湾芒草心慈善協会の創設時理事長であり，李盈姿は現事務局長である。
* 2 　台湾芒草慈善協会ウェブサイト（www.homelesstaiwan.org）参照。
* 3 　芒草心は2014年 9 月から2015年10月にかけて 5 回のホームレス体験キャンププログラムを実施した。毎回約20人が参加し，参加者の年齢は最年少10歳から最年長は69歳であった。キャンプは 2 泊 3 日がメインであり，参加者は金銭を持つことができず，100元の「悠遊カード」（交通ICカード）だけを持って「ホームレス先生」と一緒に生活する。路上で眠り，食べ物を探し，底辺労働を行うといったホームレス生活を体験することが主な内容である。
* 4 　「街遊（Hidden Taipei）」のウェブサイト（http://www.hiddentaipei.org/）参照。
* 5 　コストの関係により，2016年には参加費が値上げされる予定である。
* 6 　社会住宅推動聯盟の加盟団体は「台湾青少年権益福利促進連盟」「老人福祉促進連盟」，「エデン社会福祉基金会」「地域居住連盟」「リハビリの友連盟」「都市改革組織（OURs）」「崔媽媽基金会」「労働者戦線」「知的障がい者保護者会」「障がい者連盟」，「励馨社会福祉事業基金会」「芒草心慈善協会」である。
* 7 　「不動産実勢価格登録法三法」とは，「平均地権条例」「地政士法」「不動産経紀業管理条例」であり不動産実勢価格登録にかかわる条文が修正された。
* 8 　安康平価住宅は台北市の最初の，そして最大規模の「平価住宅」である。1970年代に1,024戸が建設された。低収入戸（生活保護）世帯が無償で入居できるものである。すでに老朽化し，社会的弱者の入居が多いことからスティグマの問題がある。2012年，郝龍斌台北市長のときに「安康公営住宅旗艦計画」によって建て替えが開始された。
* 9 　台湾の都市発展において，建築物の老朽化がもたらす環境悪化が見過ごせない問題となったため，1998年，「都市更新条例」が制定された。1999年，「九二一大震災」が発生すると被災地の復旧に大きな役割を果たすこととなったが，台北市ではその後，民間デベロッパーによる再開発が主流となったため，学術界から同条例は旧市街の再生にほとんど寄与しなかったという指摘がされている。本節では，「都市再開発」あるいは「再開発」（原文では「都市更新」，すなわち「urban renewal」）を「都市更新条例」に基づいて行わ

れた建て替えと定義している。類似の意味として「都市再生」（urban regeneration）の用
語も使われるが，これは建て替えを通してその地区の機能を回復し，都市を文化・経済・
歴史といった局面から改造する過程を示す。
*10　南機場住宅の位置する台北市中正区忠勤里の方荷生(ファン・フーシェン)里長（町内会長に相当，ただし公
職）の回顧によると，父親とともに入居したころ，国外からの視察が後を絶たず，当時10
歳だった方里長は水洗便器ボタンを押して実演してみせるという視察行程における「重要
任務」を担っていた。
*11　文林苑事件については，下記ウェブサイト（ウィキペディア，ただし中国語版）を参照
のこと。
（https://zh.wikipedia.org/zh-tw/%E6%96%87%E6%9E%97%E8%8B%91%E9%83%
BD%E5%B8%82%E6%9B%B4%E6%96%B0%E7%88%AD%E8%AD%B）

13 包摂都市に向けた香港の実践
── 包摂型支援策と支援実践の課題

Anne Sit（Ⅰ）・黄 雄生＝楊 雅真＝黄 仲賢（Ⅱ）

Ⅰ ホームレスの人びとに対する包摂型支援策の模索

　香港は物価が高く，衣食住や交通費など基本的な支出は社会的弱者の生活にとって重い負担である。ホームレスの人びとの多くは，居住，就業，そして社会的排除などの問題に直面している。しかし特別行政区政府はホームレスの人びとへの全面的な支援政策を行っていない。当局は適切な支援を行い，ホームレスの人びとが様々な生活上の問題を解決できるよう支援する必要がある。

香港におけるホームレスの人びとの実態

　香港社会福利署のホームレスの人びとの登録名簿のデータによれば，香港のホームレスの人びとは増え続けており，最新のデータでは8年前の2.5倍に増えている（図表13-1）。詳細は以下のとおりである。
　しかし，政府の登録方法にはある不十分な点がある。それは7日間連続で野宿しなければホームレスの人びととみなされず，また本人が個人情報を提供することに同意しなければ登録されないということである。そのため登録者数は実際のホームレスの人びとの数より少なくなってしまう。そこで民間団体と大学とで実態調査を実施した。香港城市大学のホームレス人口統計研究の推計によれば[*1]，香港のホームレスの人びと[*2]は実際には1,400人にのぼっている。また聞き取り調査に応じたホームレスの人びとは主に男性で（93.2％），すでに中年であり（平均54.9歳），野宿期間の平均は3.9年に及

図表13-1　香港におけるホームレス登録者数

時　期	登録者数（人）
2007年3月	342
2013年10月	690
2014年6月	750
2015年1月	806
2015年5月	876

出所：香港社会福利署
（2007：2013：2014）

ぶ。聞き取り調査に応じた者のうち35.8%は2回以上の野宿経験がある（平均野宿回数2.8回）。

「若年化」「深夜化」「短期化」

近年，香港のホームレスの人びとには変化がみられ，「若年化」「深夜化」「短期化」などの新しい傾向があらわれている。貧富の格差の拡がり，学歴価値の下落，政府施策の不公平さなどの社会状勢によって底辺層の人びとの社会的上昇の機会は少なくなっており，住宅問題は若者にも影響を与えている。上述の調査によれば，ホームレスの人びとのうち約半数がCSSA（公的扶助）を受給していない（49.85％）。社会福利署のデータによれば[*3]，49歳以下の若いホームレスの人びとは32％（2007年）から45％（2013年）に上昇しており，ホームレスの人びとの若年化がみてとれる。24時間営業のファーストフード店，ネットカフェなどの普及に伴い，多くのホームレスの人びとは客が少ない深夜の時間帯を狙ってこれらの場所で夜を過ごしており，また流動性も高く，「住処が定まっていない」，すなわち同じ場所で路上生活を続けることがあまりないのである。そのような場合，ソーシャルワーカーの介入もむずかしくなる。また，実際のホームレスの人びとの数の把握も困難である。

ホームレスの人びとの居住困難

現場での観察によれば，ホームレスの人びとのほとんどは単身であるか，配偶者と「死別，離婚」，あるいは「別居」している人である。そのうち多くが，たとえば借金の取り立てなど様々な理由で家族との関係が悪化し，家を離れている。また，彼らの多くは親族や友人に困っていることを知られたくない，野宿していることを知られたくないと思っている。親族や友人からの支援がないなかで，ひとりで生活の困難に直面している。社会では一般に，単身であれば家族を背負う必要がないぶん自分の力で食べていくこと，あるいは社会的に上昇することは比較的容易であると思われている。しかし実際の状況はその反対である。現在の住宅政策と福祉制度は家族中心に偏り，単身者の居住権とニーズは無視されている。

(1) 公共賃貸住宅の不足「割当・ポイント制」による単身者入居の阻害

政府には単身者に適切な公共賃貸住宅を提供する責任があるが，長い間，単身者の居住ニーズは無視されてきた。第二次世界大戦後，香港ではしばらく公共賃貸住宅の全体的な整備に手が着けられていなかった。1970年代になり，ようやくイギリスの植民地政府が大型の建設計画を打ち出したが，当時単身者はその支援対象ではなかった。1980年代の中ごろになって，政府は不法占拠地域を取り壊し，その際家族に対しては公共賃貸住宅があてがわれたが，単身者は除外された。多くの底辺層の単身者が仕事上の利便性のために都市部のビル内にあるケージハウスやベッドスペース，間仕切部屋などで生活しており，ひどい場合には節約のために港や歩道橋の下に野宿することもあった。このような問題への対応策をSoCOなどの民間団体が繰り返し要求した結果，1985年になってようやく単身者も公共賃貸住宅に申し込むことができるようになった。しかし単身者向けの公共賃貸住宅を建てるという政策はまだなく，単身者にあてがわれるのは，広いユニットを仕切った部屋である。1997年の香港返還までの間，当局が高齢でない単身者に提供した住宅は年間125戸にも満たない。

　香港返還以降，特別行政区政府は最初の長期住宅政策において，将来的に数年間で単身者用の公共賃貸住宅を4万3,000戸に増やし，底辺層の単身者の住宅ニーズに応えようとした。2005年，住宅委員会は非高齢単身者の公共賃貸住宅への申請の増加が緊急性の高い家庭への支援を圧迫してしまわないよう配慮し，そのため「割当・ポイント制」の導入を提案，可決し，非高齢単身者の公共賃貸住宅入居を年間2,000人に制限した。これは申請者の年齢，待機期間の長短などによって定めた「ポイント制」が含まれている。さらに，非高齢者を，公共賃貸住宅への平均待機期間3年という約束の対象外としたものであった。制度実施後，非高齢単身者は，割当制とポイント制の二重の制限に縛られ，公共賃貸住宅の待機期間はややもすれば8〜10年となっていたのである。

　さらには，2015年2月実施の新しい「割り当・ポイント制」では，割り当戸数をわずかに増やして年間2,200戸とし，また同時に比較的高齢の単身者の待機ポイントを加算した。政府は欺瞞的にも，単身者への公共賃貸住宅供給が追いつかないという現実を無視し，その結果，単身の待機者は史上最高の14万2,800人となった。実際，ホームレスの人びとの多くが学歴の低い，単身の，公共賃貸住宅待機者である。香港城市大学ら（2014）による研究[*4]によれば，聞

き取り調査対象のホームレスの人びとの半数近くは公共賃貸住宅の待機中であった。多くの単身者が同じように，何年も公共賃貸住宅を待ってそれでも入居できずにいるのである。

　以上の問題だけでなく，ホームレスの人びとが公共賃貸住宅を申請するためには，一般の人びとに比べてより多くの困難が伴っている。ホームレスの人びとのなかにはホームレス状態になる以前は，持ち家があったり公共賃貸住宅に戸籍があったりした者で，家を出た後も，住宅や公共賃貸住宅に戸籍がそのまま残っていることがある。家を出て数年経っても，まだ正式な離婚手続き等を行っていない場合，公共賃貸住宅申請の時間や機会のうえで損をすることがありうるのである。

(2)　民間賃貸住宅市場の規制不足と賃借人の無保障状態

　1998年のアジア通貨危機以降，不動産市場は低迷し供給過多となった。経済回復を刺激し投資をひきつけるために，政府は25年続いた「家賃管理規制」を撤廃し，その後，家賃は家主と賃借人の話し合いによって変動することになった。現在に至るまで，規制のなくなった民間賃貸住宅市場の家賃は常軌を逸して上がり続けている。2004年，政府は民間賃貸住宅市場への干渉を抑えるため，「賃借権規制」を撤廃した。そのため家主は1か月前に通知さえすれば理由がなくても，賃借人を立ち退かせることができるようになった。公共賃貸住宅の供給が追いつかないなかで，間仕切部屋の需要は増え続け，供給不足の状況下で，家主は不当な要求を押しつける価格交渉力をもち，逆に，保障のない底辺層の賃借人は「まな板の上の鯉」の状況であり，家主の言いなりとならざるをえない。

　また，賃借権の保障が取り消されたその年，政府は住宅委員会や社会福利署，その他の非政府組織によって積極的に「セーフティネット」を提供し，経済的に困窮する人びとに居住支援を提供することによって，これにより影響を受けた人びとがホームレス化しないようにすると表明した。しかし，社会福利署の資料によれば[*5]，2014年12月までに，民間賃貸住宅に暮らしているCSSA受給世帯のうち家賃が住宅補助の上限を超えているケース（以下，「家賃超過」とする）は，54.3％にのぼる。先述のホームレス調査によれば，インタビューに答えた人のうち路上生活の原因として最も多かったのは家賃が高すぎて払え

13　包摂都市に向けた香港の実践　183

ない（25.0％）であり，次は失業のため家賃の支払い能力がない（20.4％）であった。家主に追い出されたり，建物の廃止に伴い立ち退かされて路上生活に至った（4.96％）人びととあわせて，家賃の負担に伴う問題は路上生活の原因の半分を占めている。このことは，現行の福祉政策が困窮者の居住ニーズに対応できていないことを明確に物語っている。

また，たとえ高い家賃を払ったとしても，その生活の質はひどいものである。香港統計処の2015年7月の『香港間仕切部屋住居状況』の報告によれば，単身世帯の平均居住面積は8.6㎡にすぎない。狭いだけでなく，多くの間仕切部屋，ベッドスペース，ケージハウスなどの建物は古いタイプの「唐樓」[トンラウ*6]の中にあることが多く，設備や衛生環境，治安，消防面での安全などすべての面で改善が必要であり，住民は通風設備の悪さや蚤の被害を受けている。しかも，「唐樓」には一般的にエレベーターもないため，高齢の，あるいは障がいのある単身者にとっては生活に支障をきたしている。ホームレスの人びとの多くはこのような部屋に住むのを嫌がり，なかには路上生活のほうが間仕切部屋やベッドスペースで暮らすよりもましだと思う者もいるくらいである。

下記の事例は，公共賃貸住宅，民間賃貸住宅における居住の保障が不十分であるなかで，ホームレスの人びとが直面している居住問題を示すひとつの典型例である。

事例▶　A氏は65歳の男性である。早くに家族と別居し，現在はひとり身である。しかし妻との離婚手続きは完了していない。妻との連絡は途絶えている。A氏はすでにリタイアしており，長期疾患があり，高齢者を対象とした高額のCSSAを受給している。家賃補助を含めて月に4,800香港ドルである。また，彼は以前はホームレス状態にあったが，その後，間仕切部屋で暮らすようになった。面積は10㎡，家賃2,800香港ドルであり，家賃超過のケースにあたる（単身者へのCSSA家賃補助の上限は1640香港ドル）。路上生活を離れて7か月目に，家主より翌月から家賃が4500香港ドルに上がるという通知を受け取った。その後，家主は内装工事のためとして，A氏に立ち退きを求めた。急な通知であり，A氏は短い期間で引っ越し費用と新しい住まいの初期費用を準備することができないだけでなく

（一般に手付金と初期の家賃をあわせて，3か月分の家賃が初期費用として必要である），同時に同じようなタイプの部屋を見つけることもできず，最終的には再びホームレス状態とならざるをえなかった。

　ソーシャルワーカーは1年前にA氏と知り合うと，健康上の問題と高齢であることから，その状況に鑑みて公共賃貸住宅へ優先入居できるよう申請したが，彼が離婚手続きをしておらず，そのために婚姻状況を証明できなかったため，申請の手続きは社会福利署および住宅署によっていまだ保留となっている。

　上記のA氏のような例は，香港のホームレスの人びとのなかでは非常に多い例である。単身者は公共賃貸住宅の割当・ポイント制度によって，民間賃貸市場のなかで安全な場所を求めるしかない。しかし，不動産価格の高騰によって，高い家賃を払ったとしても劣悪で狭い環境のなかで暮らすしかない，あるいは賃借人の権利が保障されないために家賃引き上げも立退きも家主の言いなりにならざるをえない，といった問題はめずらしいことではなく，事態は深刻である。

(3)　臨時宿泊所の不足とその他の居住選択肢

　かつて政府は低額の単身者ホステル（月額430香港ドル）を設置し，ボランティア組織に運営を委託していた。しかし，2005年に当局は地域のニーズを満たすことができないとして，低額宿泊所を閉鎖した。これにより単身者にとって選択肢はさらに少なくなった。多くの人が家賃の圧力に耐えきれず，最終的にはホームレス状態に追い詰められている。また最近政府は多くの老朽地域で再開発計画を進めているが，そのなかで提示される政府補償は往々にして家主のためのものであり，実際に影響を受ける賃借人に対する補償や支援は非常に少ない。一方で，再開発によって立ち退きを迫られ，路上に出ざるをえないケースは増え続けている。

　一時的な宿泊の提供という面では，政府は臨時収容センターと単身者ホステルをあわせて580ベッドを提供している。しかしそれでもなお千人を超えるホームレスの人びとの居住ニーズに十分な対応ができているわけではない。また，宿泊所では様々なルールや制限があるが，それはたとえば，入居者の出入

り時間の制限等をあげることができる。これは職業選択の幅を狭める結果となっている。長時間労働や，給料のよい深夜労働の仕事に就くことができない場合が多くなってしまうのである。さらに，多くのホステルは精神疾患者，依存症，行動が不便な者，あるいは障がい者を受け入れない。ホステルによってはソーシャルワーカーを配置せず，入居期間も大変短く，適切なアフターケアがないため，退所後は路上に戻ってしまうことも多いのである。

(4) 「マクドナルド難民」の大量出現

　適切な滞在スペースがなく，また，短期的な宿泊施設では制限が多くベッド数も不足している。そのためホームレスの人びとは24時間営業のファーストフード店で時間を過ごすようになり，各地で「マクドナルド難民（Mcrefugees）」の現象が生まれている。最近，あるファーストフード店の店内で女性が死亡する事件があり，ホームレス問題に警鐘を鳴らす社会問題となっている。

　「マクドナルド難民」の言葉はもともと日本からきている。これは家賃を負担することができず，24時間営業のファーストフード店で過ごさざるをえない人たちを指している。2006年より香港のマクドナルドはその多くが24時間営業となり，香港の各所に「マクドナルド難民」を見出すことができる。そのなかには，無職のホームレスもいるが，仕事で収入を得ていたとしても高すぎる家賃を払うことができない底辺の労働者，子どもの負担になることを恐れて家を出た高齢者などもいる。路上で暮らすことや，居住環境の劣悪な蚤の湧くような間仕切部屋に比べるとマクドナルドは交通も便利であり，コンセントやエアコンもある清潔な選択肢であると考える人も少なくない。飲み物1杯の料金で過ごすことができ，旅館やベッドスペースに比べて費用も安いのである。

　「マクドナルド難民」の大量出現は香港の居住問題の深刻さを反映しており，社会問題を解決するために政府が「セーフティネット」に依存しすぎていることをも示している。しかし，社会保障制度の網の目は粗く，単身者や底辺の労働者，高齢者，ホームレスの人びとなどの社会的弱者に全面的な保障を提供することはできていない。

路上生活者への社会保障および福祉支援の不足——包括的な政策と支援の不足

　路上生活者は安定した住まいがないだけでなく，福祉支援の欠如と社会的排

除の問題にも直面している。ある調査によれば，路上生活に至った原因は様々であり，環境要因と個人的要因の両方が含まれている。たとえば家賃が高すぎて払えない（25.0％），失業のため家賃の支払い能力がない（20.4％）などである。また，聞き取り対象者の約3割がアディクションの問題を抱えている。賭博（32.3％），アルコール（30.1％），薬物濫用（27.1％）などである。また，17.7％は精神疾患の病歴がある。[*7] 路上生活者の多くは中年の単身者である。このような状況にもかかわらず，香港では総合的なホームレス支援政策がない。また，住宅，労働，福祉の政策においても，焦点化されず，ホームレスの人びとの直面している問題を有効に解決できていない。

　現在は3つのホームレス総合支援チームがあるのみで，[*8] その支援地域も香港全土には及んでいない。支援内容には非常に限りがあり，アウトリーチやグループ活動，一時宿泊や仲介などの支援にとどまっている。個人のニーズを適切にとらえたケースワークは非常に少なく，ホームレスの人びとの様々で複雑な問題に有効に対応できていない。また，ホームレス支援を行う機関がホームレスの人びとのケースを一般の福祉サービスへ紹介したものの，その福祉機関にはホームレス支援に慣れた専門人材がいないため，「再紹介」によってまた戻されてくることも少なくない。

　他にも，社会の周縁の人びとに対する支援を例にとると，現在このような人びとに対する居住政策や中間施設といったアフターケアの政策がないという課題もある。多くのホームレスの人びとが身寄りのない刑務所からの出所者であり，精神疾患やその他の病気で退院した者である。出所後，あるいは依存症治療施設や病院を出たあと住む所が見つけられず野宿するに至っている者もいるのである。ある調査によればホームレスの人びとのなかには「前科」（刑事犯罪の記録）があるために仕事を見つけることが困難であると述べる人もいる。[*9] 仕事で得る十分な収入はなく心理的な負担も多く，また野宿の環境も複雑で，薬物や犯罪者に接触しやすい。それによってホームレスの人びとが再び犯罪を犯してしまったり，持病が再発することにもなりやすい。その結果，再び収監されたり入院したりすることになり，悪循環となっているのである。

社会的排除

(1) 政府によるホームレスの人びとの追い出し

住宅政策や福祉制度による保障が不十分であるだけでなく、ホームレスの人びとは様々な社会的排除にも直面している。政府はホームレスの人びとの増加という問題を無視しているが、多くのホームレスの人びとが集まる地域、たとえば油尖旺区（ヤウチムウォン）および深水埗区（シャムスイポー）では、区の公務員および区議会議員はホームレスの人びとの集中に対して、拒否感や険悪な態度を示している。また、区議会議員の選挙の立候補者は、ホームレスの人びとを追い出すことや攻撃することを主要な選挙公約とし、ホームレスの人びとのすべてが皆まっとうな仕事をしていないといったマイナスイメージをまき散らすことで、自分の得票につなげようとしている。また、異なった政府部門（警務署、民生署、地政署、食物環境衛生署、康民署など）が不定期にホームレスの人びとに対して不当な介入をしたり、追い出したり、またその場所を清掃して個人の所有物を捨てたりすることもある。政府による追い出しによってホームレスの人びとはさらに分散し、より見えずらい場所に移動せざるをえず、ソーシャルワーカーの彼らへの接触はさらに困難となる。

図表13-2 ホームレスの人びとを犯罪者扱いするメディア

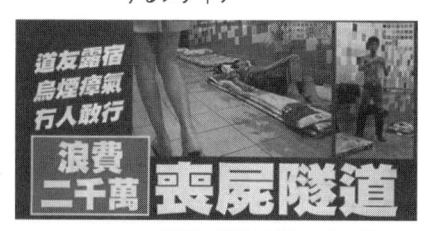

出所：蘋果日報2011年8月7日

出所：東方日報2015年4月19日

出所：東方日報2015年5月28日

(2) ホームレスの人びとを悪者扱いするメディア

このほか、メディアのホームレスの人びとに対する報道姿勢も好意的ではなく、暗にマイナスのレッテルを貼っている。ホームレスの人びとと悪事を結びつけ、「ゾンビ」「道

友」といった別名を用いる。橋の上に暮らすホームレスの人びとを「ガン」と名づけたり，橋が「ごみ橋」になってしまったといったりする。場合によっては「罪悪の橋」などと呼んでホームレスの人びとのイメージを悪くしている。このように，様々な報道でメディアは人びとの社会的弱者に対する反感や排除を煽っている。[*10]

(3) 社会のホームレスの人びとに対する排除

社会は一般的にホームレスの人びとに対して偏見をもち，なかなか彼らを受け入れようとしない。そのことが彼らの居住や就業をさらに困難にしている。たとえば地域内に中間施設あるいは弱者のためのサービスセンターをつくろうとすれば，近隣住民の反対や妨害を受けてしまう。彼らは自分たちの生活への影響，住宅価値の低下を心配している。ホームレスの人びとが集まる場所の周辺住民は，たびたびホームレスの人びとが地域の治安と環境衛生に悪影響を与えているとして，区議会に彼らを「安置」するよう求める。このように，ホームレスの人びとが社会に溶け込むには様々な困難を伴う。

ホームレスの人びとの住宅問題を改善するための政策課題

2014～2015年度，政府の財政準備高は8,285億香港ドルであり，たとえ「毎年余裕があ」ったとしても，過去10年間政府は一貫して「大きい市場，小さい政府」という経済原則を頑なに守り，公共支出をGDPの20％に抑えるという「財政の金剛の輪」（訳注：孫悟空の頭の輪の比喩）を貫き，その結果社会資源の分配はひどくバランスを失っている。SoCOは香港の底辺や社会的弱者の人びとに根をおろして40年，人は皆平等に生まれ，基本的な権利と平等なチャンスを与えられるべきだとの理念のもと，不合理な社会政策の改革と公民権の保障のために力を尽くしてきた。ホームレスの人びとの住宅問題に対して，Society for Community Organization（SoCO）は以下のような支援策が必要であると考えている。

(1) 公共賃貸住宅を増やし，割当・ポイント制度を再検討する

現在の政府は積極的に土地を見つけて年平均3万5,000戸程度の公共賃貸住宅を完成させるという約束を確実に守るべきである。そして長期住宅政策の進捗度合を再検討し，公共賃貸住宅待機者リストにあげられた人数を住宅需要と

みなし，さらには非高齢単身者に対して「最長待機期間」を定めることについても検討すべきである。

(2) 家賃管理規制の再導入

1998年のアジア通貨危機後，政府は家賃管理規制を撤廃した。その目的は市場に対する介入を減らし，投資を呼び寄せ経済成長を刺激することであった。しかし今日，香港経済は回復し活発になっており，不動産の投機的な売買は家賃を吊り上げ，それはピークに達している。底辺で暮らす人びとの家賃負担はもともと重いうえにさらに重くなっている。そこで政府は家賃管理規制を再導入し家賃の値上げ幅を2年間で18％の幅に収めるようにするべきである。それと同時に賃貸住宅を管理する部門を設立する，あるいは不動産評価署（差餉物業估價署）に権限と責任を与えて，『家主及び賃借人（総合）条例』を確立し，すべての賃貸借契約をこの条例に基づいて行うように定め，家主と賃借人の地位の不均衡を解消するべきである。

(3) 一時的な入居施設の提供

中短期の支援に関して，政府は一時的な入居施設の提供を検討するべきである。まず単身者向けのホステルの復活や使用されていない工場ビルを一時的に住宅として使用することなどを含めて検討するべきである。同時に当局は刑務所出所者や依存症患者，障がい者，あるいは長期的に病気に苦しむ人など，社会の周縁の人びとに対して出所後あるいは退院後の一時的な入居施設を提供するべきである。こうした中間施設的な中継やアフターケアを提供することで，彼らが出所後または退院後の再路上化を防ぎ，健康の悪化による入院や再犯による収監といった悪循環を防ぐことが目的である。

(4) 社会保障制度を整備しホームレスの人びとに対する支援政策を定める

近年，少なくないホームレスの人びとがワーキングプアの状態であり，給与が家賃の上昇に追いつかない，あるいは失業により，結果として家賃の高さに負けて路上に出てしまっている。また少なくない高齢者が家族の負担になりたくないと考えているが，そのなかには民営の高齢者施設の費用を払えず，また公営の高齢者施設にも待機者が多いために入ることができず，晩年になって路上に出るケースもある。これらはすべて現行の社会保障制度および福祉資源の不備を反映している。当局はさらに詳しい検討を行い，社会保障政策を整備

し，財政の準備金を活用して，社会的弱者に対する支援に資金を投入するべきである。たとえば高齢者の分野では医療ケアサービスを強化し，公営の高齢者施設のベッド数を増やし，底辺層の労働者向けに低価格の単身者ホステルを設置し，すべての人びとにリタイア後の保障を提供することなどである。

　政府はまたホームレスの人びとのような単身者のニーズに応えるため，より整った支援策を講じるべきである。現在の福祉制度は家族を基本としており，単身者のニーズは軽視される，あるいは無視されることが多い。当局は現在の支援を再検討し，適切で焦点のあった施策を実施し，彼らの様々な生活問題に対して支援を行うべきである。

II　ホームレスの人びとに対する包摂型支援実践と課題

　香港で最初に比較的大規模に系統立ったホームレス支援を始めたのは「救世軍」である。この救世軍の唐済芳氏（トン・ツェフォン）が1987年に砵蘭街（ブーランガイ）ですべての香港のホームレスの人びとを対象に支援センターを立ち上げた。その2年後，政府の補助金を獲得し，「野宿者デイセンター（Day Relief Centre for Street Sleepers）」を正式名称とした。当時このセンターのほかには，社会福利署家庭サービスセンター，他に3つのホームレスの人びとアウトリーチチームが香港のホームレスの人びとの支援を行っていた。

　1994年ころ，キリスト教ホームレス支援協会は香港島地区から深水埗大埔道（シャムスイポーダイボードー）に移転し，継続して支援を提供した。湾仔（ワンチャイ）区議会は香港城市大学に委託し港仔地域でホームレスの人びとについての調査研究を行った。その報告書では，香港島地区において社会福利署は別途ホームレス・デイケアセンターを開設するべきであると提案された。これを受けて1996年3月，「セントジェームス・セツルメント」は社会福利署の補助を受けて路上生活者支援を開始し，香港島地区においてホームレス・デイケアセンターを立ち上げるに至った。その当時，不動産価格は高騰し，デベロッパーは不動産価値に影響することを恐れ，商業用ビルをホームレス支援のために香港政府に売却することを望まなかった。そのため現在のセントジェームス・セツルメントの支援の拠点は大通りではなく路地に面した場所に設置された。この場所は商業用地としては比較的価値が低

いため，デベロッパーも香港政府に売却することに同意したのである。また，左右のビルに対する説明も順調に行われ，ここに香港島地区におけるホームレス支援組織としてセントジェームス・セツルメントが設立された。

当時のホームレスの人びとは高齢者と60歳に近い人びとが多く，身寄りのない高齢者，不規則な生活習慣および精神疾患の問題をもつ者が中心であり，約700人であった。

1997年のアジア通貨危機によってホームレスの人びとは増え続け，1998年6月，香港特別行政区政府は初めてCSSAを削減し，また賃貸住宅保証金の貸出を停止した（高齢者・虚弱者・傷病者・障がい者に対する補償金貸出制度は残っている）。香港の賃貸住宅の慣習では，家主の要求に基づいて賃借人は少なくとも1か月分から3か月分の家賃を保証金として支払い，退去時に居室の損壊がなければ全額が賃借人に返却されることになっている。

この政策は，ホームレス問題をさらに悪化させた。そこで，当時セントジェームス・セツルメントとキリスト教ホームレス支援協会および香港社会サービス連合会は社会福利署に対して家賃保証金について改善するよう要求した。しかし要求は十分に受け入れられたとはいえず，高齢者・虚弱者・傷病者・障がい者以外の者が地域の福祉職員の判断によって社会福利署の保証金貸出を受けられるようになったにすぎない。なお，この判断のルールは公開されておらず，このような行政判断が行使されることによって法治の原則が人治によるものへと変わってしまった側面もある。

この要求と並行して私たち2つの社会福祉組織は，香港城市大学の黄 洪（ウォン・ホン）博士をリーダーとして，2000年に「ホームレス支援2000調査」を実施した。当時ホームレスの人びとの数は大幅に増加しており，4つの現象にまとめることができた。すなわちホームレス問題の多元化，ホームレス状態の深夜化，短期化，および若年化である（アジア通貨危機以前，60歳を超える者が最も多かったが，この調査結果によれば最も多い年齢層は50歳から60歳であった）。研究報告がまとまるとすぐ，私たちは当時の福利署署長（現政務司司長）林鄭月（ラム・チェンユ）氏を招いてともに深夜のアウトリーチを行い，ホームレスの人びとを訪ねた。このとき私たちは署長を説得し社会福利署の許可を得て香港ジョッキークラブ基金によって3年間のホームレス夜間アウトリーチ計画を実施した。デイセンターに2人の

ソーシャルワーカーを増員し，初めて緊急基金を3年間支給した。年平均約8万香港ドルの緊急基金を組織ごとにルールに則りホームレスの人びとに支給し，ホームレスの人びとの就労，住宅，および医療問題を解決する支援を行った。同時にベッド数10の緊急シェルターを開設した。ソーシャルワーカーがホームレスの人びとと直接話をして入所させ，最長6週間無料で宿泊することが可能となった。

3年間のホームレス夜間アウトリーチ計画は成功し，また香港経済も回復したことによって，就労環境もある程度改善され，ホームレスの人びとの数は大幅に減少した。それは特に失業によって路上に至った人びとにおいて最も顕著であった。

2004年4月1日，ホームレスデイセンターは正式に終了し，同時にホームレス総合サービスが開始された。その支援内容は，ホームレス総合サービスチーム（Integrated Services for Street Sleepers）の拠点としてアウトリーチオフィスが1か所設けられ，ホームレスの人びとが通常6か月住むことができる短期ホステル1か所，そして緊急シェルター1か所であった。なお，用地およびその他の問題で，セントジェームス・セツルメントは2004年4月1日以降補助金による緊急シェルター事業は行っていない。政府から補助を受けている他の2つの組織は，また違う組み合わせで支援を行っている。

ホームレスの人びとの現状

香港の2013年の統計によれば，現在香港には1,400人のホームレスの人びとがいる。そしてサービスチームはそのうち約350名が香港島および離島にいると推計しており，男女比率は9：1，また約30％が60歳を超えている。香港のホームレスの人びとの習性は様々で，互いに面倒を見ることができるよう集団生活を好む人びとがいる。たとえば，特に九龍地区では数十名のホームレスの人びとが同じ場所で生活している。しかし香港島および離島では比較的分散しており，通常1か所にひとりしかいない。10名以上が集まっている場所はわずかである。

ホームレス状態の原因は様々であるが，さらにそれだけでなく住宅問題そのものもますます悪化しており，たとえホームレスの人びとがいったん居室を得

た後でもその環境の劣悪さや蚤などの問題によって再び路上に戻ることもある。

支援内容の詳細

(1) アウトリーチおよびケースフォロー

サービスチームは日中と夜間にアウトリーチを行っており，ホームレスの人びとのニーズに合わせ，またできる範囲内で新しいホームレスの人びとに支援を提供している。彼ら・彼女らはまた自らあるいはその他の機関からの紹介で私たちに支援を求めることもある。しかし一般にはホームレスの人びとは地域資源に対する理解が不足しており，また自らを変えたり支援を活用したりといったモチベーションも低い。そのためソーシャルワーカーが彼ら・彼女らを訪ね関係を構築し，精神的な支援や指導を行い，彼ら・彼女らが変わりたいというモチベーションをもつようにはたらきかけ，そして個別のケースのニーズに基づいて適切な支援を行い，場合によってはその他のサービスへと紹介する。

(2) 居住支援

主要な目標はホームレスの人びとに居住支援を行うことである。サービスチームは支援が必要なホームレスの人びとがいればホームレスの人びとの中短期居住事業としてホステルへの入居につなぐ。たとえばセントジェーム・セツルメントのホステルである。ホステルは通常数か月から半年の間の宿泊を提供し，その期間ソーシャルワーカーは路上生活者が退去後の長期的な住まいを確保できるよう支援する。サービスチームは彼ら・彼女らがホームレス状態から抜け出した後，少なくとも半年間はアフターフォローを行う。その目的はホームレスの人びとの問題解決能力を高め，再びホームレス状態に舞い戻ってしまうことを防ぐというものである。

(3) 緊急基金および物資提供

緊急基金を設け，必要とするホームレスの人びとに対しては緊急の経済的援助を行い，居住生活，就労，および医療などの問題に対処している。たとえば経済的に困窮したホームレスの人びとが初期の家賃および保証金を支払い，必要な物品を購入できるようにし，彼ら・彼女らが迅速に路上を離れ住居で休め

るよう支援する。また，職業訓練を受ける費用や仕事に必要な制服の購入費用なども支援する。就労を奨励することによって経済状況を長期的に改善し，自立できるように支援する。

　サービスチームではまた物質面での支援も行っている。具体的には防寒着や食べ物など彼ら・彼女らの緊急なニーズに対して支援を行っている。長期的にはホームレスの人びとをフードバンクやCSSAの申請など他のサービスへつなぎ，慢性的に3食をきちんととれないといった問題の解決を試みている。

(4) 政策提案と公共教育

　ホームレスの人びとの問題は多くの社会問題や政策問題とかかわるため，私たちサービスチームはアドボカシーの仕事の必要性を感じている。実際に，これまで他の組織や大学と協力してホームレスの人びとに関係する調査計画や統計データ調査を度々実施してきた。そのうえで政府に対して根拠のある政策改善計画案を提案し，ホームレスの人びとのためにより多くの支援を勝ち取ってきた。

　私たちはまたボランティアサービスの発展にも力を入れており，学生やその他一般の人びとに訓練を受ける機会を提供し，彼らを伴ってホームレスの人びとへのアウトリーチを行い，彼らがホームレスの人びとのおかれた状況を理解し，人びとの誤解やマイナスイメージを取り除く一助となるよう努めている。そのことにより，人びとがホームレスの人びとに対して寛容で彼らを尊重することになるように期待している。

(5) その他の支援

　その他に，送迎や生活ケアを行っている。センターにはシャワー室があり，また彼ら・彼女らに理髪サービスを提供し清潔・衛生面でも支援している。必要に応じてサービスチームは彼ら・彼女らに同行して様々な機関あるいは部門に赴き，それぞれ必要なサービスの申請や病院での診察ができるよう支援している。

課題と困難

　路上で生活するということはひとつの単純な行為ではなく，住む場所を提供するだけで問題が解決することにはならない。その背後には様々な原因が存在

しており，私たちはまず彼ら・彼女らが自らの問題を解決できるよう支援しなければならない。彼ら・彼女らが働く能力と安定的な経済力をもてるようにし，変わることができるという自信とモチベーションを高めることによって初めて本当に路上を脱し，生活を改善するよう支援することができる。そして同時に，安定的に住まいを維持し，再びホームレス状態に陥ることを避けることができるのである。しかし，これは一朝一夕にできる仕事ではない。私たちは支援において様々な困難と課題を抱えており，それは社会および個人にかかわる事柄である。

(1) アフォーダブル（低家賃）住宅の不足

香港では，低家賃住宅がますます少なくなっており，これがホームレスの人びとの生活改善を妨げる最大の要因となっている。民間の賃貸住宅の家賃は高騰し，市民生活は多大な影響を受け，それは底辺層において特に深刻である。香港政府は2005年に家賃規制を撤廃し，これによって家主は自由に家賃を引き上げることができるようになり，家賃の高騰を招いた。たとえば，ケージハウスや間仕切部屋，ベッドスペースなどの底辺層の人びとが住む住居の家賃は，面積あたりで比べると豪邸よりも高額である。また，狭く，設備に欠陥があり，衛生環境は劣悪で蚤などの問題がある。さらに，消防設備は不足し，安全面にも欠陥がある。ある調査によれば，間仕切部屋の平均的な広さは住宅署が定める1人あたりの居住スペースの基準よりはるかに狭い。間仕切部屋の室内温度は37度に達することもあり，その生活環境はまるで蒸し風呂のように劣悪な状態である。

また，近年都市再開発の影響を受け，老朽化した唐樓（トンラウ）（ケージハウス，間仕切部屋，ベッドスペースなどは主に古い唐樓の中にある）が取り壊され，豪邸，ホテル，商業施設等に建て替えられており，底辺層の人びとが立ち退きを迫られ，ホームレス状態に陥る状況を生み出している。同時にこのように相対的に安い家賃の住まいはますます少なくなっており，たとえホームレスの人びとが劣悪な居住環境と不当な家賃を受け入れるとしても，これらの住居にうまく入居することはますます困難になっている。

ホームレスの人びとが長期的な住まいを考える際の選択肢は，主に公共賃貸住宅であるが，公共賃貸住宅は需要に供給が追いつかない状況である。住宅署

は単身者に対してポイント制度による待機リストを設けているが，60歳未満の単身者であれば通常10年以上待たなければ順番が回ってこない。しかしCSSAの家賃補助は市場の家賃よりはるかに低い状況が長年続いており，それだけでホームレスの人びとが部屋を借りることはむずかしい。住宅問題は彼らが直面する最大の問題であり，ホームレス状態を引き起こし，また脱路上を妨げる最大の要因であるといえる。また住居に上がった後に再路上化してしまう原因でもある。

(2) 長期的困窮

2015年2月1日現在，CSSA支給額は生活費として60歳未満の健康な単身者で2,255香港ドル，60歳以上の高齢者は3,200香港ドルであり，家賃補助としては1,640香港ドルの範囲内で支給される（2016年1月末現在，1千香港ドル＝約1万6千円）。しかしサービスチームの経験によれば，家賃補助額は市場価格に遠く及ばず，通常は慈善組織が運営する短期ホステルや環境の悪いベッドスペースでの生活に足りるのみである。もし間仕切部屋などを希望したなら，すでに十分とはいえないCSSAの生活費のなかからさらに一部を捻出して家賃にあてるしかない。CSSAの額はホームレスの人びとの生活を支えるには絶対的に不足しており，受給者は長期的に赤貧の状態におかれている。

また，彼ら・彼女らは学歴も低く，技術をもたない者が多い。同時に，ホームレスの人びとの年齢は主に中年から高齢者であり，労働市場における競争力は低く，また住所の証明ができなければ長期的な仕事を探すことはさらにいっそうむずかしい。そのため働くホームレスの人びとの多くが，収入の低い不安定で短期的な仕事しかできない。近年，香港政府は最低賃金保障を法律で定めたが，一般にホームレスの人びとの収入は物価上昇指数に追いつくことができず，長期的に経済困窮状態におかれている。

CSSA受給やあるいはなんとか仕事によって自力での生活を維持しているホームレスの人びとにとって，困窮状態からの脱出には非常に大きな困難が伴っているのである。

(3) 精神疾患をもつ者に対する支援の不足

香港では精神疾患をもつホームレスの人びとに対する支援も不足している。香港利民会とともに2010年に実施したホームレスの人びとに対するメンタルヘ

ルス調査によれば，11.5％のものが過去に精神疾患ありと診断されていた。そのうち6か月以内に精神科を受診した者は半分にも満たない。アウトリーチを行うなかで私たちは統合失調症のホームレスの人びとに接することも少なくない。彼ら・彼女らの精神状態は受診しないことによってますます悪化する。また基本的生活を維持する能力が乏しく，外の世界と隔絶され，夏にも冬にも同じような格好である。香港医管局は各区の精神科においてアウトリーチチームを設けてはいるが，通常往診してまで深刻な精神疾患のホームレスの人びとに対して診断をくだしたがらない。結果，ソーシャルワーカーは支援にあたって法的な手続きを十分踏むことができず，彼らに病院で治療を受けさせたり法律で定められた後見人をつけて彼らを守ったりすることはむずかしい。

　また，現在のところ自分自身に危害を加えたり他人の生命に危険を及ぼしたりするホームレスの人びとに対して支援を行うにとどまっており，精神疾患が疑われるが受診を拒む多くのホームレスの人びとに対して医療支援を行うことはむずかしい。

(4)　根の深い個人的問題

　個人的な要素もまた私たちにとっては深刻な課題である。彼らの多くはホームレス状態に至る前に多くの失敗や挫折を経験しており，必死に求めても人に拒絶された経験をもち，人を信じる気持ちを失い，自分に対する自信をも失っている。そのためホームレスの人びとが支援を受け入れ，生活を変える自信とモチベーションを回復するためには，ソーシャルワーカーは介入にあたってより多くの時間と心労を伴う。

　また彼ら・彼女らの生活を改善し，ホームレス状態から脱却させるためには個人の性格，アディクション問題，精神疾患，崩壊した家族関係，失業，経済的困窮，変わることへのモチベーション等の様々な彼ら自身の問題に深くかかわらなければならない。彼らのなかには高齢者も多く，問題の多くは根深く複雑である。特に家庭，アディクション，精神疾患の問題の解決はむずかしい。往々にして長期的フォローが必要になり，場合によっては10年を超えることもある。人手と社会的資源に限りがあるなかでソーシャルワーカーは皆疲れ果てている。

おわりに——展望と課題

　以上の様々な支援上の制限とホームレスの人びとのニーズを考え合わせ，私たちは入居施設を基本に様々な専門的支援を組み合わせた施設を設け，居住困難を抱えて長期的なフォローが必要な者を受け入れるべきである。彼ら・彼女らに入居施設として上限3年の居住空間を与え，同時に支援サービスを集中させる。ホームレスの人びとが適切なサービスと長期的なフォローを受けることができ，多方面の専門的な支援の結集で，対象者のそれぞれの特徴とニーズに合わせた支援を提供できるようにする。その内容は以下のとおりである。

① ソーシャルワーカーによるフォローアップ：ソーシャルワーカーが施設に常駐し，ケース別にまたチームをつくってそれぞれにフォローアップを行う。ソーシャルワーカーは施設という利点を活かして日常生活の様々な点で彼ら・彼女らの習慣とニーズを把握し，重点的にフォローし観察・評価を行う。それにより彼ら・彼女らが悪い生活習慣を改めるよう，そして社会的なスキルや生活スキル，金銭管理や秩序ある生活を学べるよう支援する。また，彼ら・彼女らのニーズに応じてテーマごとのグループ活動やサポートグループ活動を行う。家族療法，ナラティブ療法，音楽療法などの各種の療法を導入し，彼ら・彼女らが家族問題やこれまでの挫折や傷を共有し，サポートグループのなかで支え合い自信とモチベーションを回復できるよう支援する。

② 専門医療の支援：精神科を含む医療スタッフが定期的に施設に往診し，診断と治療を行い，メンタルヘルスのニーズに対して専門的な支援を行う。また，衛生面での知識および皮膚のケアについての知識を教育し，ホームレスの人びとの健康の回復を支援する。必要に応じて長期的なケアおよび治療につなぎ，ホームレスの人びとを香港の医療セーフティネットのなかに取り込む。

③ 就労指導および訓練：高齢でないホームレスの人びとに対しては，面接指導，就業態度指導，技能訓練を行い，彼ら・彼女らの仕事上での競争力を高める。また彼ら・彼女らの就労状況をフォローアップし，個別の問題に対して支援および指導を行い，安定的な就労によって経済状況を改善できるよう努める。

私たちは，3年間の施設生活で彼ら・彼女らが人生における主要な問題に対処し，過去の挫折と傷を克服し，自信を回復し，生活スキルや社会的スキルを身につけ，安定的に就労すること，また困難に対処する能力を身につけ，そのことによって社会に戻り，新しい生活を打ち立てていけるように支援し続けることや，それに関連した政策環境が整備されることを望む。

* 1　香港城市大学＝SoCO＝救世軍＝セントジェームス・セツルメント（2014）。
* 2　ホームレスの人びとには以下の者を含む。野宿者，24時間営業レストランで過ごす者，臨時シェルターと単身者ホステル入所者。
* 3　SoCO（2010）。
* 4　前掲・注1に同じ。
* 5　立法會《財務委員會 審核二零一五至一六年度開支預算 管制人員的答覆》（LWB（WW）－2-c1.docx）文献。答覆編號：LWB（WW）0449。
* 6　50年以上以前に建てられた古い建物で，エレベーターがないため階数が少ないのが特徴的な香港の庶民の住宅。
* 7　前掲・注1に同じ。
* 8　3つのホームレス総合支援チームとは，①「セントジェームス・セツルメント」（香港島および離島担当），②「救世軍」（油尖旺区担当），③「キリスト教ホームレス支援協会」（油尖旺区を除く九龍と新界担当）である。
* 9　SoCO＝香港城市大学（2015）。
* 10　蘋果日報，浪費二千萬喪屍隧道2011年8月7日（A1版），東方日報2015年4月19日（A1版）流浪港再揭醜1橋11劏房，東方日報2015年5月28日（A22版）深水埗毒瘤 天橋劏房終清場。

▼参考文献
SoCO（2010）『2010香港ホームレス調査報告』2010年3月
SoCO＝香港城市大学（2015）『香港高齢男性刑余者更正リハビリ研究報告』2015年6月
香港社会福利署（2007；2013；2014）『路上生活者登録名簿（露宿者登記冊）』
香港城市大学＝SoCO＝救世軍＝セントジェームス・セツルメント（2014）『全香港ホームレス人口統計行動調査報告』2014年3月
東方日報
蘋果日報

おわりに——貧困化に結びつくプロセスとメカニズムを断ち切る包摂都市に向けて

　序章で述べたように，「プロセスとしての貧困」に結びつくメカニズムを断ち切り，包摂都市に向けた戦略を講ずるには，不利地域に対する政府の関心（社会開発戦略）と排除に抗するための地域（コミュニティ）の対応が組み合わさった社会の変容（Inclusive Society）が肝要である。グローバル社会が益々進展するなか，越境的な資本移動による都市空間をめぐる開発圧力が高まる一方で，開発から取り残される地域も散見される。そんななか，都市が，その構成員に対し，いかにメンバーとして「承認」を与え，「出番」と「居場所」を見つけられる「機会の空間」となりうるか，新たな実践が求められよう。それらに向けた「ヒント」を本書が少しでも提供できたならばそれに越したことはない。なお，本書は，包摂都市に向けたアジア都市の実践の始まりである。本書をきっかけに，さらに研究や実践活動の交流を広げ，経験共有の「プラットフォーム」を構築し，現場還元型の取り組みを深めてゆきたい。今後は，東アジアの経験を東南アジアと共有する場，つまりアジア都市実践の東南交流による，「先端的アジア都市論」の形成に向けた取り組みを進め，そのうえで，実践的都市研究モデルの，アジアと欧米間の国際的な研究交流をも図っていく機会を広げていきたい。それらを通して，私たちの活動が，都市が抱える様々な不利を乗り越えた「包摂都市」の形成に資することを期待する。

　本書は，筆者の所属する都市研究プラザが中心となり，文部科学省補助事業による，共同利用・共同研究拠点（大阪市立大学先端的都市研究拠点）の国際的ネットワーク（URP海外センター・オフィス）や，国内の現場拠点（現場プラザ）による諸活動の成果の交流や共有にも深くかかわっている。なお，本書の刊行に際しては，2015年度大阪市立大学戦略的研究「包摂型先端都市論創生に向けた東アジア都市の国際比較研究（研究代表者：全泓奎）による助成を得たことをここに記し感謝申し上げる。最後に，本書の刊行には，法律文化社編集部の掛川直之さんによる大きな協力を得たことを併せて感謝したい。

本年は，東アジア包摂都市ネットワークの第6回目のワークショップをソウル市で開催することで，開催国との合意が取れている。包摂都市を構想する東アジアの都市による実践が，実りを得ていくことを期待している。

　　2016年1月

編者　全 泓奎

著者・翻訳者紹介（執筆順）

[著者]
全　泓奎（ジョン　ホンギュ）	編者紹介参照	編者，序
阿部昌樹（あべ　まさき）	大阪市立大学都市研究プラザ所長・大学院法学研究科教授	1
水内俊雄（みずうち　としお）	大阪市立大学都市研究プラザ教授	2
中山　徹（なかやま　とおる）	大阪府立大学人間社会学部教授	3
志賀信夫（しが　のぶお）	大阪市立大学都市研究プラザ博士研究員（若手・先端都市）	4
金　秀顯（キム　スヒョン）	世宗大学校公共政策大学院教授，ソウル研究院院長	5
川本　綾（かわもと　あや）	大阪市立大学都市研究プラザ特別研究員・甲南大学非常勤講師	6
黄　麗玲（ホワン　リーリン）	国立台湾大学建築與城郷研究所副教授，中華民国専業者都市改革組織理事長	7
鄧　永成（タン　ウィンシン）	香港浸会大学地理学科教授	8
葉　鈞頌（イップ　クァンジュン）	香港浸会大学地理学科大学院生	8
Geerhardt Kornatowski（ヒェラルド　コルナトウスキ）	大阪市立大学都市研究プラザ特任助教	9
池谷啓介（いけたに　けいすけ）	NPO法人暮らしづくりネットワーク北芝事務局長	10 I
西上孔雄（にしがみ　みしお）	NPO法人すまいるセンター代表理事	10 II
鄭　栄鎭（チョン　ヨンヂン）	大阪市立大学都市研究プラザ博士研究員（若手・先端都市），NPO法人トッカビ副代表理事	10 III
李　庭奎（イ　ジョンギュ）	韓国都市研究所ホームレス政策研究センター研究員，4.16セウォル号惨事特別調査委員会調査官	11 I
徐　鍾均（ソ　ジョンギュン）	SH公社住居福祉局局長	11 II
金　美貞（キム　ミジョン）	株式会社ドゥコビハウジング代表理事	11 III
張　獻忠（チャン　シェンチョン）	社団法人台湾芒草心慈善協会発起人，顧問	12 I
李　盈姿（リー　インツー）	社団法人台湾芒草心慈善協会事務局長	12 I
林　育如（リン　ユールー）	社会住宅推動聯盟事務局主任	12 II
劉　鴻濃（リュウ　ホンノン）	国立台湾大学建築與城郷研究所博士課程	12 III
彭　揚凱（ポン　ヤンカイ）	中華民国専業者都市改革組織事務局長，社会住宅推動聯盟発起人	12 IV
Anne Sit（アンネ　セッイト）	香港社區組織協會コミュニティオーガナイザー	13 I
黄　雄生（ウォン　ホンサン）	聖雅各福群會所長	13 II
楊　雅真（ユーン　アーツァン）	聖雅各福群會チームリーダー	13 II
黄　仲賢（ウォン　チョンイン）	聖雅各福群會ソーシャルワーカー	13 II

[翻訳者]
湯山　篤（ゆやま　あつし）	ソウル大学校大学院社会福祉学科博士課程	5, 11
岸野俊介（きしの　しゅんすけ）	国立台湾大学建築與城郷研究所修士課程修了	7, 12 III
山田理絵子（やまだ　りえこ）	大阪市立大学都市研究プラザ研究補佐，大阪府立大学人間社会学研究科博士前期課程	8, 12 I・II・IV, 13

■編者紹介

全　泓奎（じょん・ほんぎゅ）

1969年，韓国ソウル生まれ
東京大学大学院工学系研究科都市工学専攻博士課程修了，博士（工学）
大阪市立大学都市研究プラザ教授

〔主要業績〕
・『韓国・居住貧困とのたたかい──居住福祉の実践を歩く』（東信堂，2012年）
・『包摂型社会──社会的排除アプローチとその実践』（法律文化社，2015年）

Horitsu Bunka Sha

包摂都市を構想する
──東アジアにおける実践

2016年3月31日　初版第1刷発行

編　者　全　　泓　奎
発行者　田　靡　純　子
発行所　株式会社　法律文化社

〒603-8651
京都市北区上賀茂岩ヶ垣内町71
電話 075(791)7131　FAX 075(721)8400
http://www.hou-bun.com/

＊乱丁など不良本がありましたら，ご連絡ください。
　お取り替えいたします。

印刷：亜細亜印刷㈱／製本：㈱藤沢製本
装幀：谷本天志
ISBN 978-4-589-03735-0
©2016 Jeon Hong Gyu Printed in Japan

JCOPY　〈㈳出版者著作権管理機構　委託出版物〉
本書の無断複写は著作権法上での例外を除き禁じられています。複写される場合は，そのつど事前に，㈳出版者著作権管理機構（電話 03-3513-6969，FAX 03-3513-6979，e-mail: info@jcopy.or.jp）の許諾を得てください。

全 泓奎著
包摂型社会
―社会的排除アプローチとその実践―
　　　　　Ａ５判・206頁・2800円

プロセスとしての貧困とそのメカニズムに着目した社会的排除アプローチを用いて，都市空間におけるさまざまな「貧困」の解決策を実証的に模索する。生活困窮者を包み込む都市空間の構築を指南し，包摂都市への実践に向けた手引書。

志賀信夫著
貧困理論の再検討
―相対的貧困から社会的排除へ―
　　　　　四六判・222頁・3300円

従来の「相対的剥奪」から定義される貧困理論では説明できない「新しい貧困」をいかにとらえるか。理論研究のみならず，実証研究やその現場から得られた知見をもとに検討。今後の貧困理論の構築のための礎石となる書。

福原宏幸編著
社会的排除/包摂と社会政策
　　　　　Ａ５判・280頁・3300円

ヨーロッパ諸国における社会的排除概念の発展と政策への影響を概観。ホームレス，母子世帯，不安定雇用の若者などの事例を取り上げ，社会的排除概念の日本への導入と実践を紹介する。格差や貧困などの議論にも言及。

ウィリアム・ベヴァリッジ著／一圓光彌監訳
ベヴァリッジ報告
―社会保険および関連サービス―
　　　　　Ａ５判・310頁・4200円

日本の制度構築に大きな影響を与え，社会保険の役割と制度体系を初めて明らかにした「古典」の新訳。原書刊行後70年が経過し旧訳を手にすることができないなか，監訳者による詳細な解題を付し，歴史的・現代的な意義を再考する。

水野有香編〔URP先端的都市研究シリーズ６〕
地域で支える出所者の住まいと仕事
　　　　　Ａ５判・88頁・800円

矯正施設等出所者の社会復帰に不可欠な「住まい」と「仕事」。社会的企業による働きかけに着目し，包摂的な地域づくりを提唱。出所者を生活困窮者としてとらえることで，地域に根ざした出所者支援のあり方を模索する。

山田創平・樋口貞幸編〔URP先端的都市研究シリーズ７〕
たたかう LGBT&アート
―同性パートナーシップからヘイトスピーチまで，人権と表現を考えるために―
　　　　　Ａ５判・76頁・800円

セクシュアルマイノリティの人が尊厳をもって生きるために，アートがもつ，社会の支配的な文脈や価値観をずらす「技」と「術」とを学びとる。侮辱的な言葉の意味合いをクリエイティブに変化させるためのたたかいの書。

―――法律文化社―――

表示価格は本体(税別)価格です